100 exercices pour comprendre un texte

CM1 - CM2, collège, adultes

Chez le même éditeur

Du même auteur :

400 exercices de lecture et compréhension, par M.-C. Perret, 2012, 288 pages.

Rééducation de la lecture, par M.-C. Perret, 2009, 136 pages.

Autres ouvrages :

Multilinguisme et orthophonie, Réflexions et pratiques à l'heure de l'Europe, par H.-A. Bijleveld, F. Estienne et F. Vander Linden. 240 pages, à paraître en 2014.

215 exercices pour les dyslexiques, Le langage dans tous les sens, par F. Estienne. Collection Orthophonie. 168 pages, à paraître en 2014.

Dysorthographie et dysgraphie/300 exercices, Comprendre, évaluer, remédier, s'entraîner, par F. Estienne. Collection Orthophonie. 204 pages, à paraître en 2014.

Manuel d'enseignement de la LPC chez des enfants sourds en début de scolarité primaire, par B. Lejeune et G. Miesse. 2012, 128 pages.

Pratiquer l'orthophonie. Expériences et savoir-faire de 33 orthophonistes, par F. Estienne et F. Vander Linden. 2012, 392 pages.

Traitement du langage oral chez l'enfant, par M.-A. Schelstraete. 2011, 304 pages.

Les aphasies, par S. Chomel-Guillaume, G. Leloup, I. Bernard. 2010, 288 pages.

Rééduquer la dyscalculie et la dyspraxie, par A. Crouail. Collection Orthophonie. 2009, 184 pages.

Les bilans de langage et de voix, par F. Estienne, B. Piérart et coll. 2006, 312 pages.

Collection Orthophonie

100 exercices pour comprendre un texte

CM1 - CM2, collège, adultes

Marie-Christine Perret

ELSEVIER
MASSON

ISBN : 978-2-294-74184-5
e-ISBN : 978-2-294-74282-8

Elsevier Masson SAS, 62, rue Camille-Desmoulins, 92442 Issy-les-Moulineaux cedex
www.elsevier-masson.fr

Table des matières

CHAPITRE 1
Bases théoriques

La lecture n'est pas un apprentissage qui se réalise spontanément (Inserm, 2007).

On est obligé d'y travailler, on y rencontre souvent des difficultés, parfois vite surmontées, d'autres fois moins et qui peuvent laisser des lacunes.

Or, lire est une compétence qui, si elle est normalement acquise à l'école, est considérée comme indispensable pour l'insertion professionnelle ultérieure.

L'évolution des performances en lecture des élèves de CM1 est régulièrement suivie par l'Association internationale pour l'évaluation des compétences scolaires (IEA) avec l'enquête PIRLS (*Progress in International Reading Literacy Study*) (Note d'information de l'Éducation nationale du 14 mars 2008).

Les acquis des élèves de 15 ans en compréhension de l'écrit sont régulièrement évalués sous l'égide de l'OCDE par l'enquête PISA (Programme international pour le suivi des acquis des élèves) (Note de l'Éducation nationale du 24 décembre 2010).

Quatre compétences en lecture sont étudiées dans le premier protocole :

- la capacité à prélever des informations explicites ;
- la capacité à faire des inférences ;
- la capacité d'interprétation et d'assimiler des informations ;
- la capacité à évaluer les informations.

Trois compétences sont ciblées par le second organisme :

- la capacité à retrouver une ou plusieurs informations ;
- la capacité à intégrer et interpréter ces informations (c'est-à-dire établir un lien entre plusieurs informations pour en faire une synthèse) ;
- la capacité à conceptualiser et évaluer les informations pour émettre un jugement (faire une interprétation globale du texte en se référant à ses connaissances et à son vécu).

Les résultats de ces deux enquêtes montrent que les élèves français sont relativement à l'aise dans les tâches visant à retrouver l'information dans le texte, mais qu'ils le sont nettement moins lorsqu'il s'agit de réfléchir et de s'inscrire dans un raisonnement critique.

En fait, les compétences évaluées sont celles qui permettent d'atteindre l'objectif central de la lecture : comprendre.

Comment comprend-on un énoncé écrit ?

Comprendre, c'est construire une représentation (J.-F. Richard, 1998). C'est-à-dire faire apparaître une image mentale qui va s'intégrer dans une suite logique construite à partir de ce qui est lu et qui doit avoir le même sens pour tous.

Il s'agit d'un processus cognitif complexe, se déroulant en plusieurs étapes successives et/ou simultanées (M.-D. Gineste, J.-F. Le Ny, 2005).

Les énoncés (nous emploierons les termes « énoncés » et « textes » pour définir l'objet écrit de compréhension) donnent des informations que le lecteur doit traiter pour accéder à leur compréhension.

Quelles sont les modalités de traitement ?

Traitement lexico-syntaxique

Un premier traitement lexico-syntaxique concerne les informations dites de surface qui sont contenues dans le texte. Elles sont de deux ordres.

Des informations d'ordre lexical

Elles sont d'origine perceptivo-visuelle pour le langage écrit.

En effet, il faut d'abord reconnaître la forme des mots, étape indispensable pour pouvoir accéder à leur sens. Il s'agit de faire le lien entre le signifiant et le signifié.

Prenons un exemple : le mot « maison ». Pour le lire correctement, il faut identifier la forme et le son des lettres, percevoir les différentes associations phonologiques qui le composent pour en avoir une perception globale afin de le reconnaître dans sa forme écrite. Ensuite, il faut faire le lien avec le concept « maison » qui est une représentation à peu près identique pour tous les lecteurs, même si des variantes existent dans le lexique mental de chaque individu. L'activation des sens associés enrichit cette représentation : nid, refuge, famille... (J.-P. Rossi, 2009).

Cet accès au sens des mots est la dernière étape de leur perception. L'importance de la richesse lexicale ne peut être négligée dans l'activité de compréhension. Le manque de vocabulaire est un élément reconnu dans la dyslexie (S. Dehaene, 2007). Un lecteur performant en décodage lexical sera plus efficace en compréhension car capable d'un plus grand nombre de représentations à partir des mots (H. Megherbi, M.-F. Ehrlich, 2004).

Des informations d'ordre grammatical

Elles sont données à la fois par :

- les marques grammaticales comme le genre et le nombre des noms et adjectifs, les conjugaisons. Dans la phrase écrite « les garçons courent », il y a deux qualifications de pluriel qui aident à la compréhension ;
- les mots fonctionnels comme les prépositions, les indexicaux dont le sens dépend du contexte car ils n'en ont pas par eux-mêmes (pronoms personnels, relatifs, prépositions, adverbes...). Ainsi, le traitement des pronoms relatifs permet de comprendre l'enchâssement des propositions relatives qui est source de difficulté (J.-P. Rossi, 2009). Que représentent « qui », « quoi », « dont » ? Il s'agit de lever l'ambigüité concernant l'identification de l'antécédent. Il en va de même pour le traitement des pronoms personnels (« qui » ou « que » remplacent-ils ?) ;

• la syntaxe, qui joue un rôle primordial. L'ordre des mots doit en effet être reconnu pour permettre l'ordonnancement et la planification de la phrase. La structure de base sujet/verbe/complément correspond à la question fondamentale : « qui fait quoi ? ». Cette structure se complique et s'allonge avec l'emploi d'autres constituants (compléments circonstanciels...).

Le traitement de ces informations de surface, s'il est nécessaire, n'est cependant pas suffisant. Ses résultats doivent être repris et combinés pour accéder au sens (N. Blanc, D. Bouillet, 2003).

Traitement sémantique

Le sens n'est pas donné directement par l'énoncé. Il s'agit d'une construction (M.-A. Gernsbacher, 1994), d'une interprétation de celui-ci (M.-A. Gineste, J.-F. Le Ny, 2005). Cette construction suppose une représentation cohérente de l'énoncé, indispensable pour accéder à ce que dit le texte. Cette construction se fait par cycles, par assemblages successifs des propositions les plus simples comme les mots pour aboutir à des unités de plus en plus grandes comme les phrases, puis des morceaux encore plus vastes comme des paragraphes, et enfin des textes de plus en plus longs.

Cependant, toutes les informations n'ont pas la même importance et il est nécessaire d'identifier et de sélectionner les unités indispensables. Le traitement de ces unités permet à la fois la construction d'une structure sémantique cohérente et l'activation des représentations pertinentes (P. Coirier, D. Gaonac'h, J.-M. Passerault, 1996).

Il n'y a pas de représentation indépendante de chaque proposition (J.-M. Meunier, 2009), mais une représentation unique et globale du texte mettant en relation les diverses propositions qui le composent. Ce processus est supposé opérer au fur et à mesure de la lecture.

L'ensemble de ces traitements aboutit en définitive à la construction d'un modèle de la situation (W. Kintsch, T. Van Dijk, 1978).

Fonctionnement des inférences

Pour accéder à sa compréhension, la représentation du texte par le lecteur doit impérativement être cohérente (M. Charolles, M.-F. Ehrlich, 1991), et, pour y parvenir, il faut savoir ajouter une nouvelle information à celle que l'on possède déjà dans un processus utilisant ce que l'on appelle des inférences (J.-M. Meunier, 2009).

Les inférences interviennent à deux niveaux d'interprétation.

Premier niveau d'interprétation

Un premier niveau concerne l'interprétation des propositions du texte et leur mise en relation. Ces inférences sont alors automatiques et nécessaires pour établir la cohérence de la représentation du texte et donc en appréhender le sens littéral.

Elles s'appliquent aux informations explicites qui peuvent avoir une situation de proximité dans le texte ou une situation plus éloignée (dans deux paragraphes par exemple).

Elles sont générées pendant la compréhension (S.-E. Haviland, H.-H. Clark, 1974).

D'autres inférences permettent le traitement des mots indexicaux qui n'ont pas de représentation sémantique propre inscrite en mémoire. Ils ne prennent du sens que par rapport au contexte textuel. Dans l'exemple : « Ici, dans cet aéroport gigantesque, voir les avions qui décollent me permet de rêver », les indexicaux « qui » et « ici » ont une signification passagère qui permet d'établir la cohérence inférentielle de la phrase en faisant le lien entre les différentes propositions.

Ces mots peuvent être classés en plusieurs catégories :

- ceux qui font référence à une partie antérieure du discours. Il s'agit du traitement anaphorique des pronoms personnels « il », « elle »... (« La personne qui traverse le flot de voitures, elle est vraiment inconsciente du danger ! ») ;
- les mots déictiques (« celui-ci », « celle-ci ») font référence, eux, à quelqu'un (ou quelque chose) situé dans l'environnement (« Parmi toutes les maisons que j'ai visitées, celle-ci a ma préférence »).

Ces inférences, indispensables à la construction de la cohérence de la représentation du texte, sont aussi appelées inférences de liaison (J.-M. Meunier) car elles ont pour but d'assurer la cohérence interphrastique. Les informations sont alors replacées dans le modèle de situation qui intègre les relations causales et spatiales (T.-A. Van Dijk, W. Kintsch, 1983).

Deuxième niveau d'interprétation

Un deuxième niveau de traitement concerne les inférences dites optionnelles ou élaboratives qui ne servent pas à établir la cohérence entre les différentes parties de l'énoncé, mais qui s'ajoutent au texte et en enrichissent la représentation mentale. Elles se font à partir des connaissances du monde qu'a le lecteur ou à partir de ses propres expériences (N. Campion, J.-P. Rossi, 1999).

Elles ne sont pas toujours indispensables pour la compréhension de ce que dit le texte mais ont pour fonction de compléter la représentation du monde évoqué par le texte en lien avec le monde du lecteur (N. Blanc, D. Bouillet, 2003).

Elles peuvent être classées de façon thématique (cause, conséquence, instrument...).

Dans la phrase : « Après une nuit glaciale où le thermomètre descendit de 10° en dessous de 0°, Marie partit travailler. La serrure de la portière de sa voiture refusa de fonctionner », on trouve :

- une inférence de lieu : garage, extérieur... ;
- une inférence de conséquence : Marie est malheureuse, en colère, en retard... ;
- une inférence d'instrument : la clé... ;
- une inférence de cause : la voiture est restée dehors, Marie n'a pas de garage...

Ces inférences permettent de comprendre et déduire les informations implicites du texte, c'est-à-dire ce que ne dit pas explicitement le texte.

On voit donc que les connaissances personnelles du lecteur jouent un rôle fondamental dans la compréhension du texte (S.-R. Siegler, 2001). L'information implicite, qui est partout présente dans le texte, ne peut donc être comprise qu'à partir des croyances et du savoir du lecteur, croyances et savoir en principe partagés en grande partie avec celui qui a écrit le texte (M.-D. Gineste, J.-F. Le Ny, 2005).

Rôle de la mémoire

Les différents traitements que nous venons de décrire et qui permettent d'aboutir au modèle de situation en établissant la cohérence du texte ne seraient pas possibles sans l'intervention de la mémoire.

Comment interviennent la mémoire de travail et la mémoire à long terme ?

Quel que soit le niveau de représentation en cours de traitement, il faut toujours qu'au moins deux informations soient disponibles, celle qui est lue et celle qui a été lue auparavant (N. Blanc, D. Bouillet, 2003). Leur mise en relation est possible grâce à la mémoire de travail, qui assure le stockage de l'information, mais pas seulement. Elle a aussi une fonction active en elle-même qui permet la transformation de l'information en intégrant l'information nouvelle à celle antérieure (M.-D. Gineste, J.-F. Le Ny, 2005). Ces informations sont retenues pour une durée variable, nécessaire pour faire le lien entre les différentes propositions du texte (D. Gaonac'h, 2008) ; certaines le sont prioritairement (trois, quatre propositions au maximum) par rapport à d'autres, ce qui correspond à un cycle qui est mis en relation avec les propositions sélectionnées du cycle précédent. La mémoire de travail permet donc la condensation des informations au fur et à mesure de la lecture (T.-A. Van Dijk, W. Kintsch, 1983).

La mémoire à long terme concerne la mémoire épisodique qui est la mémoire personnelle du lecteur (ses expériences et ses connaissances) et la mémoire sémantique, c'est-à-dire les contenus langagiers. Elle permet d'avoir accès au lexique mental et d'avoir ainsi une représentation de la forme perceptive (écrite) du mot ainsi qu'une représentation sémantique (sens) du mot.

Ces deux types de mémoire fonctionnement de manière concomitante. Il y a des échanges continus entre les deux lors de l'activité de compréhension en tant que construction du sens d'un énoncé (M.-F. Ehrlich, A. Seigneuric, V. Gyselinck, 2001).

On ne peut donc pas dissocier mémoire et compréhension. On ne peut pas les assimiler non plus. Construire un modèle de situation est possible sans pour autant avoir mémorisé tous les éléments lexicaux du texte (J.-D. Bransford, M.-K. Johnson, 1972), et il est possible d'apprendre un texte par cœur sans pour autant pouvoir en construire une représentation (J.-E. Moravcsik, W. Kintsch, 1993).

Que propose cet ouvrage ?

Des exercices de compréhension de l'écrit ont déjà fait l'objet d'une publication antérieure (M.-C. Perret, 2011). Mais ces exercices se présentaient essentiellement sous forme de phrases ou de textes courts suivant une progression liée à l'évolution de la perception des variations phonologiques dans le mot (M.-C. Perret, 2009). Ils s'adressaient donc plus à un public jeune en cours d'apprentissage de la lecture et permettaient d'aborder déjà chez des enfants des cours élémentaires le problème de la compréhension.

Il est bien évident que la longueur d'un texte, la complexité des constructions morphosyntaxiques, la richesse lexicale augmentent les difficultés. Avec un plus grand nombre d'informations et leur éloignement dans l'énoncé, la cohérence devient bien plus difficile à établir, la sélection et la mémorisation des éléments pertinents semblent moins évidentes, les liens avec le vécu et les connaissances ne sont plus immédiats.

D'autre part, si l'intérêt de travailler la compréhension à partir de textes littéraires est indiscutable, il est nécessaire de s'intéresser à d'autres formes de textes, plus proches du quotidien du lecteur. En effet, saisir le sens d'une recette de cuisine pour la réaliser, arriver à bonne destination sans se perdre en suivant un itinéraire, monter un meuble selon les directives de la notice, saisir un message publicitaire, comprendre une directive, lire une interview dans un journal... sont des enjeux importants pour la vie de tous les jours. La compréhension de ces supports écrits demande l'activation des mêmes processus cognitifs.

En pratique, nous distinguerons quatre principaux types de textes :

- le texte narratif qui raconte une histoire ;
- le texte descriptif qui peint au lecteur un lieu et/ou un personnage ;
- le texte informatif ou explicatif qui sert à transmettre une analyse objective d'un événement comme un article scientifique, une recette de cuisine, un mode d'emploi, un itinéraire ;
- le texte argumentatif dont l'objectif est de persuader l'autre en avançant des arguments.

Le plan s'organisera par rapport à ces quatre types de texte qui sont tous associés à des dessins.

En effet, l'établissement de la relation entre texte et dessin reste un procédé intéressant. Cette relation exige une réflexion de la part du lecteur car il est face à un choix : quel dessin correspond au texte proposé ? Cela l'oblige à une relecture en cas d'incertitudes, à une régulation de la vérification de sa compréhension. Le lecteur peut être amené à faire lui-même un graphique dans le cas d'un itinéraire à se représenter, par exemple.

En définitive, le lecteur est ainsi tenu à une double représentation : celle de l'image et celle du texte, ce qui suppose un transfert d'activité métacognitive.

Le but n'est en aucun cas l'explication de texte. Il s'agit plutôt de proposer des pistes pour un « entraînement » à la compréhension des textes en posant déjà comme prérequis l'objectif à atteindre par rapport à cette tâche.

Méthode d'utilisation de l'ouvrage

Pour chaque exercice, il y aura un texte et deux images et il faudra établir la relation pertinente entre l'énoncé et le dessin correspondant.

Chaque énoncé sera suivi de questions de deux ordres :

- les unes pour s'assurer que la cohérence du texte a bien été établie, ou pour obliger le lecteur à avoir une démarche de compréhension ;
- d'autres qui sollicitent le jugement du lecteur en lui faisant faire le lien entre ce qu'il lit, ce qu'il sait, ce qu'il vit (ou a vécu) et donner son opinion (trouver une possible erreur, faire des déductions logiques, donner son avis sur tel ou tel élément, imaginer une éventuelle suite…).

Un corrigé de ces questions est disponible à la fin du livre. Il n'y aura évidemment pas de réponse aux questions faisant appel au jugement personnel du lecteur, mais cela peut ouvrir l'occasion de discussions.

Le classement par type de texte a été motivé pour plus de clarté et de facilité dans l'utilisation, sachant que dans un texte descriptif on peut trouver des éléments de narration et réciproquement. Il n'y a pas de logique de progression d'un texte au suivant et chacun peut donc les proposer dans l'ordre qui lui convient.

Plusieurs textes peuvent proposer plusieurs étapes d'une même histoire. Leur ordre d'apparition dans le livre ne correspond pas obligatoirement à la chronologie de l'histoire globale. Par exemple, si une histoire est composée de quatre textes, le troisième, si c'est un texte de type narratif, peut apparaître avant le deuxième si ce dernier est de type argumentatif. La recherche des textes composant la même histoire et leur remise dans le bon ordre sont des exercices de compréhension tout à fait pertinents.

Les exercices suivis du signe ◈ sont plus spécifiquement destinés aux adultes.

Références

Blanc N, Bouillet D. Mémoire et compréhension : lire pour comprendre. In Press: Paris; 2003.

Bransford JD, Johnson MK. Contextual prerequisites for understanding : some investigations of comprehension and recall. Journal of verbal learning and verbal behavior 1972.

Campion N, Rossi JP. Inférences et compréhension de textes. L'année psychologique 1999;493-527.

Charolles M, Ehrlich MF. Aspects of textual continuity. Linguistic approaches. In: Denhières G, Rossi JP, editors. Text and text processing, Elsevier North-Holland: Amsterdam; 1991.

Coirier P, Gaonac'h D, Passerault JM. Psycholinguistique textuelle : approche cognitive de la compréhension et de la production de texte. Armand Colin: Paris; 1996.

Dehaene S. Les neurones de la lecture. Paris: Odile Jacob; 2007.

Ehrlich MF, Seigneuric A, Gyselinck V. Compréhension du langage : « y a-t-il mise en jeu de la mémoire de travail ? » in Viader F. et al. Le langage et la pensée. Bruxelles: De Boeck; 2001.

Gaonac'h D. Mémoire et compréhension : rôle et fonctionnement de la mémoire de travail dans les activités cognitives. 6e colloque de la FNAME; Châtellerault: 2008.

Gernsbacher MA. Handbook of Psycholinguistics. San Diego: Academic Press; 1994.

Gineste MD, Le Ny JF. Psychologie cognitive du langage. Paris: Dunod; 2005.

Haviland SE, Clark HH. What's new ? Acquiring new informations as a process in comprehension. Journal of Verbal Learning et Verbal Behavior 1974;512-21.

Kintsch W, Van Dijk T. Toward a Model of Discourse Comprehension and Production. Psychological Review 1978;**85**:363-94.

Megherbi H, Ehrlich MF. Compréhension orale chez de jeunes enfants bons et mauvais compreneurs de textes écrits. L'année psychologique 2004;104.

Meunier JM. Mémoires, représentations et traitements. Paris: Dunod; 2009.

Moravcsik JE, Kintsch W. Writing quality reading skills and domain knowledge as factors in text comprehension. Canadian journal of experimental psychology 1993;**47**:36-374.

Perret MC. Rééducation de la lecture. Perception des variations phonologiques dans le mot. Paris: Elsevier Masson; 2009.

Perret MC. 400 exercices de lecture et compréhension. Paris: Elsevier Masson; 2011.

Richard JF. Les activités mentales. Paris: Armand Colin; 1998.

Rossi JP. Psychologie de la compréhension du langage. Bruxelles: De Boeck; 2009.

Siegler SR. Enfant et raisonnement. Le développement cognitif de l'enfant. Bruxelles: De Boeck; 2001.

Van Dijk TA, Kintsch W. Strategies of discourse comprehension. New York: Academic Press; 1983.

Chapitre 2

Textes narratifs

Exercices n° 1 à 25

Exercice n° 1

A B

La sortie quotidienne de son chien était, pour Julien, l'occasion de chausser ses magnifiques rollers, plutôt pour épater les copains, et surtout les copines, que pour faire du sport.
Justement, en cette magnifique journée, il aperçut deux jolies demoiselles de sa connaissance de l'autre côté du terre-plein qui le regardaient avec ce qui lui sembla être de l'admiration.
Se souvenant d'un film vu récemment sur son ordinateur, il prit la même pose avantageuse que le héros, le buste rejeté en arrière, se laissant entraîner par son chien, comme le skieur par le bateau. Mais l'animal étant plus imprévisible que le hors-bord, il vira brusquement sur la droite, s'engagea en courant sur le terre-plein boueux, essayant d'attraper un chat qui s'enfuit précipitamment à sa vue. Julien, malgré ses efforts pour suivre le rythme et garder son équilibre, fut brutalement projeté vers l'avant, son roller gauche se coinçant dans la terre. C'est ainsi qu'il se retrouva au sol, couvert de boue et bien dépité d'entendre les deux beautés se moquer ouvertement de lui, raillant ses piètres performances malgré son équipement dernier cri.
En outre, il allait passer un moment désagréable en rentrant à la maison !

Questions

1. Julien a-t-il atteint son objectif ?
2. Ressemble-t-il au héros du film ?
3. L'intrigue du film avait-elle pour décor la montagne ?
4. Pourquoi va-t-il passer un moment désagréable ?

Exercice n° 2

En descendant de sa chambre à l'heure du souper, Emma sentit que l'atmosphère n'était pas au beau fixe. Son père avait la tête des mauvais jours et sa mère faisait tinter les ustensiles en mettant le couvert.
Bonjour l'ambiance !
Le repas commença dans un silence glacial, et même son petit frère Théo fixait son assiette et mangeait sans piper mot, ce qui ne lui ressemblait guère.
Soudain, son père leva les yeux et fit une remarque on ne peut plus désagréable à propos du plat servi. Sa mère devint toute pâle mais ne répondit rien et la suite du souper fut vite expédiée, chacun ayant hâte d'en voir la fin !
Emma rangeait la vaisselle, stressée, quand sa mère l'apostropha violemment à propos des fourchettes soi-disant mal placées ! Bouleversée, elle monta dans sa chambre et déversa, sans raison, sa colère sur son petit frère qui passait par là.
Lors du petit-déjeuner, leur père s'excusa de son attitude de la veille en invoquant une réprimande sévère de son supérieur hiérarchique à propos de son travail. Tout le monde accepta ses excuses mais Emma n'en pensa pas moins que les problèmes de son père au travail ne devaient pas influencer à ce point les relations familiales.

Questions

1. Théo a-t-il une autre victime à sa disposition pour passer sa mauvaise humeur ?
2. Pensez-vous que le père a bien fait d'attendre le lendemain matin pour expliquer sa mauvaise humeur ?
3. Les aléas professionnels des parents influencent-ils l'ambiance familiale ?
4. La cause de la colère du père était-elle familiale ?

Exercice n° 3

Deux hommes promenaient leur chien dans les allées du parc municipal.
L'un portait un feutre marron, un pardessus assorti, son chien gambadant en liberté. De petite taille, celui-ci furetait partout, humant les riches odeurs de la nature. Mais il ne s'éloignait pas de son maître pour autant.
L'autre, vêtu d'un anorak, tenait en laisse une espèce de molosse de race et couleur indéterminées qui avançait gentiment au rythme de son maître.
À peine s'aperçurent-ils que les deux animaux se mirent à ronfler, montrant les crocs pour mieux impressionner l'autre. Leurs propriétaires se mirent à l'unisson, les invectives et les mots doux circulant avec de plus en plus de véhémence, l'homme au blouson reprochant vertement à celui au chapeau de ne pas tenir son animal attaché ainsi que la loi le stipulait, ce dont son vis-à-vis ne semblait pas convaincu, désirant faire ce qu'il voulait en avançant l'argument que sa petite « Dolly » n'était absolument pas agressive et que c'était l'autre qui avait mauvais caractère. Mais alors que des regards furieux étaient échangés, des gestes menaçants ébauchés, ils s'aperçurent soudain avec stupéfaction que la petite chienne léchait avec affection le front de son congénère qui semblait y prendre grand plaisir ! Devant le cocasse de la situation, ils éclatèrent de rire, se rendant compte combien ils s'étaient montrés stupides et intolérants l'un envers l'autre. Ils se saluèrent alors et continuèrent leur chemin chacun de leur côté.

Questions

1. L'agressivité des animaux entre eux est-elle réelle ou est-ce une façon de faire connaissance ?
2. Les deux hommes ont-ils pris le temps de réfléchir avant de se disputer ?
3. En quelle saison se passe la scène ?
4. L'homme au blouson a-t-il raison ?

Exercice n° 4

A

B

Installé confortablement dans le meilleur fauteuil du salon, Sébastien dévorait le dernier policier qu'il avait emprunté à la bibliothèque du lycée. Sur le tapis devant lui, son petit frère de 8 ans jouait tranquillement avec ses jouets préférés, une poupée de chiffon et une voiture électrique rouge.

Il était si passionné par les péripéties de l'intrigue qu'il en oubliait complètement son environnement. Il était le héros persécuté par un assassin aux desseins criminels et un commissaire qui ne croyait pas en son innocence.

Aussi fût-il pour le moins surpris quand il reçut un coup sur la tête et qu'il vit une main essayer de se saisir de son livre !

Lorsqu'il réalisa que son frère était l'auteur de ces brutalités, il se mit en colère et lui intima l'ordre de le laisser tranquille. De façon inattendue, il fût obéi immédiatement ! Mais lorsqu'il vit son tourmenteur revenir accompagné de leur mère, il comprit que sa soirée allait être définitivement gâchée. Ce en quoi il ne se trompait pas car elle lui demanda si elle pouvait prendre le livre pour leur en faire la lecture à tous les deux. Ulcéré par ce qui lui parut être une injustice, il donna l'ouvrage mais sortit de la pièce en claquant violemment la porte pour se réfugier dans sa chambre où il raconta ses malheurs sur son réseau social.

Questions

1. Sébastien aime-t-il lire et, si oui, quel genre de roman ?
2. S'identifie-t-il au héros de l'histoire ?
3. Pensez-vous que leur mère a eu une bonne idée, adaptée à la situation ?
4. Peut-il en parler ?

Exercice n° 5

A B

Interview

– *Pensez-vous prendre une revanche aujourd'hui quand vous gagnez ?*
– Sûr !
Au collège, j'étais la bête noire de pas mal de gars qui n'arrêtaient pas de me rabaisser, de se moquer de moi ! Je n'étais pas assez bavard, j'étais trop replié sur moi-même. Mon défaut d'élocution m'empêchait d'être à l'aise avec les autres élèves de la classe. Je n'avais pas les mêmes préoccupations qu'eux ; je n'aimais pas sortir le soir ni faire la fête. Peut-être parce que j'étais trop fatigué par les entraînements ? Mon domaine, c'était le stade. Là, j'étais bien, à l'aise dans mes baskets, c'est le cas de le dire !
Mais ce qui me fait rire, c'est que lorsque je revois ces gens qui m'ont gâché la vie pendant des années, ils me parlent comme si on avait toujours été de très bons copains, alors que, pour eux, je n'étais rien.
– *La pratique de votre sport vous a-t-elle aidé à vous révéler à vous-même ?*
– Oui !
Le fait de passer à la télévision après mes performances m'a permis de m'affirmer, d'être moins introverti, d'exister en fait, vis-à-vis des autres, mais aussi vis-à-vis de moi-même.
Ça me permet de vous répondre aujourd'hui autrement que par monosyllabe.

Questions

1. Garde-t-il un bon souvenir de ses années de collège ?
2. Aujourd'hui encore, ressent-il cela avec amertume ?
3. Pensez-vous qu'il a vraiment tout pardonné ?
4. Son passé peut-il être un frein ou, au contraire, un moteur pour son avenir sportif ?

Exercice n° 6

A

B

Fébrile, je m'asseyais à la place du conducteur. En d'autres termes, j'étais morte de peur.
Parallèlement, je me remémorais les différentes étapes à accomplir.
Premièrement, ne pas oublier de fermer la portière !
Puis mettre la ceinture !
Mais encore ?
Ah ! Oui ! Régler la position du siège pour que mes pieds puissent quand même atteindre les pédales ! Vérifier le rétroviseur pour pouvoir surveiller mes arrières.
« Alors, on démarre ou on passe la matinée dans la voiture à essayer tous les gadgets dont le véhicule est équipé ? »
Sa grosse voix me fit sursauter. À vrai dire, je l'avais complètement oublié, celui-là ! Pour un peu, je heurtais le plafond de la tête !
Vite, je tourne la clé de contact correctement en dépit de mon affolement et le moteur, compatissant sans doute à mon triste sort, démarre en douceur, sans hoquet.
OUF !
En revanche, la manœuvre pour m'extraire de la place de stationnement s'avère plus périlleuse et la boîte de vitesse manifeste son mécontentement en faisant entendre un grincement désagréable.
Néanmoins, je réussis à m'insérer dans la circulation sans dommage pour les autres usagers de la route et nous voilà partis.
OÙ ?
C'est une bonne question d'ailleurs car le mutisme de mon compagnon de voyage commence à m'inquiéter. Perdue dans mes pensées, et incertaine quant à la conduite à tenir (c'est le cas de le dire !), j'appuie sur l'accélérateur et la voiture m'obéit immédiatement, atteignant une vitesse proscrite en milieu urbain. Voulant ralentir, je freine, un peu brutalement peut-être, et nous voilà projetés de concert vers le pare-brise que nos ceintures de sécurité nous empêchent de percuter. Un coup de klaxon rageur ne fait qu'ajouter à ma confusion, et c'est rouge comme une pivoine que j'atteins le premier carrefour.
« Vous prendrez la première rue en diagonale à droite », entends-je.

Ne saisissant pas vraiment le sens de ces paroles, je m'engage dans le giratoire dans la plus grande incertitude, tentant vainement de faire le lien entre « diagonale », « carrefour », « droite » pour en déduire l'action demandée. Alors je tourne, certes, beaucoup même, faisant deux fois le tour du carrefour. Prise d'un fou rire nerveux en me rappelant mes tours de manège d'enfant, je finis par prendre la première route à droite mais, comme je ne suis plus à mon point de départ initial, ce n'est évidemment pas la bonne, d'autant plus qu'un panneau rouge barré d'un gros trait blanc horizontal me nargue.
Trop tard !
« Allez, ça suffit, j'en ai assez vu, essayez de nous ramener en vie. À mon avis, quelques leçons supplémentaires vous feraient le plus grand bien ».

Questions

1. Quel examen tente-t-elle de passer ?
2. Est-elle suffisamment détendue pour le faire dans des conditions optimales ?
3. À votre avis, combien d'erreurs a-t-elle commises ?
4. Pensez-vous que l'examinateur aurait pu se montrer plus sympathique ou n'est-ce pas son rôle ?

Exercice n° 7

A B

Enfin ! Ça y est, c'est fait, je suis sur le quai de la gare (encore avec mes parents, certes), et je vais prendre le train toute seule pour aller passer quinze jours à la montagne avec ma meilleure amie, dans un centre de vacances pour jeunes filles et jeunes gens bien élevés, avec des éducateurs que j'espère bien motivés pour me faire passer des vacances inoubliables et indépendantes surtout !

– Vérifie si tu as bien rangé ton billet de manière facilement accessible pour que tu ne paniques pas quand le contrôleur passera !

– Pour l'instant, ma petite maman, c'est toi qui paniques ! Il ne va pas me jeter hors du train, ce brave monsieur, quand même !

– Range-bien ta valise dans le compartiment réservé à cet effet et, surtout, garde un œil dessus pendant le trajet, on ne sait jamais !

– Ça va être difficile, pensais-je *in petto*. Dans la mesure où mes bagages sont en début de voiture et moi à l'opposé, à moins de rester debout tout le trajet (trois heures !) en me démontant le cou pour apercevoir mon malheureux petit sac insignifiant, je ne vois pas comment faire… Et puis d'abord, qui voudrait de cet horrible sac, hein ! Si tu avais accepté, maman, de m'offrir cette magnifique valisette à roulettes que l'on a vue ensemble la semaine dernière en faisant les courses nécessaires à mon voyage, je comprendrais, mais, alors là, franchement, il n'y a rien à craindre.

– Et ton téléphone portable, il est bien chargé, au moins ? Tu le laisses éteint pendant le trajet mais dès ton arrivée, tu nous préviens, ajoute mon père qui, jusque-là, avait fait preuve de discrétion.

– Mais bien sûr ! Sinon, vous déclencheriez le plan Orsec, pour le moins !

– Téléphone-nous au moins une fois par jour, sinon c'est nous qui t'appellerons !

– Gloups ! Une vraie menace sur mes vacances, là, pire que le mauvais temps ! Bien sûr que je vous téléphonerai, quand je n'aurai plus d'argent !

– Et n'oublie pas de nous envoyer des cartes postales, ainsi qu'à ton frère et tes grands-parents pour dire comment tu vas et si tout se passe bien selon tes désirs.

– Entre vous écrire et vous téléphoner, va-t-il me rester du temps pour faire autre chose ? Bonne question !
Un coup de sifflet strident et le train démarre, noyant les dernières recommandations de mes parents. Nous agitons les bras de concert et voilà, ils disparaissent de ma vue.

Questions

1. De qui s'agit-il quand il y a cette ponctuation : « – » ?
2. Qui est le plus volubile ? Son père ou sa mère ?
3. Les inquiétudes de la mère vous paraissent-elles fondées ?
4. Pensez-vous qu'il soit normal que des parents fassent des recommandations à leur fille qui part seule pour la première fois en vacances ?

Exercice n° 8

A B

Pour autant qu'il s'en souvienne, ses parents n'avaient jamais montré une grande harmonie dans leurs relations au sein de la famille, famille dont il était l'unique descendant. Aussi, l'annonce de leur divorce quand il eut 15 ans ne le surprit pas outre mesure, sans pour autant l'enchanter, car son petit monde bien sécurisé allait subir moult changements et il devrait s'adapter, forcément.
Des discussions orageuses éclataient et des éclats de voix raisonnaient dans toute la maison, mais, réfugié dans sa chambre, installé devant son écran avec le casque sur les oreilles, il oubliait la triste réalité, soit en regardant ses vidéos préférées, soit en papotant avec ses copains-copines sur son réseau social.
Apparemment, ils finirent par trouver un accord concernant le partage de leurs biens respectifs et son sort fut réglé par la même occasion avec un système de garde alternée classique. Bref, tout n'était pas si mal, il conservait son petit chez-lui tranquille et découvrait même un nouveau lieu de vie chez son père, assez agréable ma foi. Surtout, l'ambiance de chaque côté lui parut plus détendue avec beaucoup plus d'attention pour sa petite personne.
La constitution d'une nouvelle cellule familiale au domicile paternel, quand elle survint six mois plus tard, ne lui déplaisait pas dans le fond, mais là où les choses se gâtèrent, ce fut sur la forme, quand il dut supporter les caprices d'un bambin de dix ans son cadet qui n'acceptait visiblement pas la nouvelle situation. Il ne pouvait rien lui dire sous peine de remontrances, il avait toujours tort, même auprès de son père sous prétexte qu'il était plus âgé, et les punitions qui commencèrent à pleuvoir lui parurent toutes plus injustes les unes que les autres (privation de cinéma, de sortie avec ses amis...). Il lui était difficile de se montrer patient car il n'était pas habitué à avoir des frères et sœurs, et puis ils n'avaient pas du tout les mêmes centres d'intérêt étant donné leur trop grande différence d'âge.
À bout de patience, il décida de ne plus venir chez son père pendant un certain temps.

Questions

1. Son changement de vie lui a-t-il posé problème avant l'arrivée d'un tiers ?
2. L'enfant le plus jeune vous paraît-il plus perturbé par la nouvelle situation ?
3. Pensez-vous qu'il se montre assez conciliant ?
4. Jugez-vous la situation désespérée ?

Exercice n° 9

A

B

Lorsqu'elle vit pour la première fois le fameux « JB » dont toutes ses amies lui avaient parlé pendant sa semaine d'absence du collège pour cause de grosse angine, elle le reconnut tout de suite tant la description qu'elles lui en avaient faite correspondait à la réalité et elle dut reconnaître que l'enthousiasme dont elles avaient fait preuve se justifiait par la réalité et que leurs propos n'étaient pas exagérés.
Grand, le plus grand de la classe assurément, mince, des cheveux noirs, un visage d'acteur et, à tout cela, s'ajoutaient deux yeux bleus comme elle avait toujours rêvé d'en avoir pour elle-même !
Aïe ! Aïe ! Aïe ! La compétition serait rude pour attirer l'attention de cet apollon sur sa petite personne. En plus, il avait l'air très sympa. Un groupe mixte dont sa meilleure copine faisait partie s'était formé autour de lui et quand cette dernière se mit à gesticuler pour lui signifier de venir les rejoindre, elle ne se fit pas prier et se précipita pour être présentée à celui qui serait sans nul doute le chouchou de l'année.
De près, c'était pire car il avait un sourire renversant qu'il lui destina en lui demandant des nouvelles de sa santé. Côté gorge, ça allait mieux, mais côté cœur, elle frisait la crise cardiaque et n'eût-on été en 2013, elle aurait bien simulé un évanouissement histoire de faire son intéressante.
La sonnerie retentit et tout le monde se dirigea vers l'entrée des classes. Et zut, il n'était pas dans la sienne, ce n'était vraiment pas de chance ! Mais bon, il restait les cours transversaux comme le sport ou le dessin, et là, vraiment, elle sentait une grande motivation pour ces deux matières, ce qui ne manquerait pas d'étonner son entourage !

Questions

1. Aime-t-elle vraiment faire du sport ou dessiner ?
2. Quelle sera sa motivation pour ces deux matières pendant la future année scolaire ?
3. Sa maladie de cœur mérite-t-elle une intervention médicale ?
4. Pensez-vous qu'elle réussira à atteindre son objectif ?

Exercice n° 10

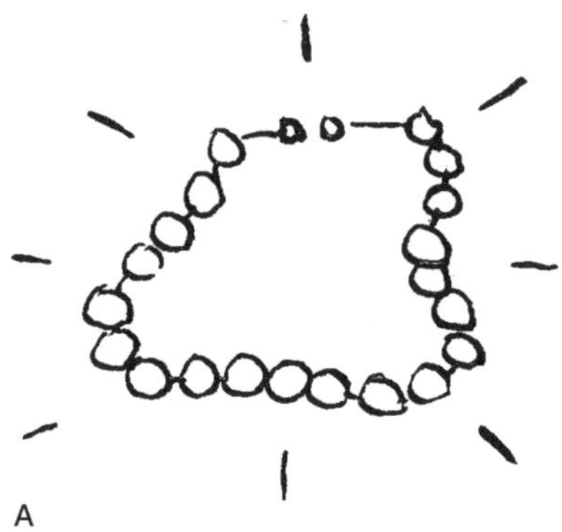

A

B

J'adore faire des cadeaux. Aussi, quand je reçus une invitation pour la fête d'anniversaire organisée par Y., une copine de S., ma meilleure amie, je commençais à élaborer des plans pour savoir ce qui lui ferait vraiment plaisir.
La connaissant peu (nous n'étions pas dans la même classe et n'avions pas d'ami(e)s communs à part S.), disposant d'un délai court (un mois) et d'un budget restreint (j'avais déjà dépensé la moitié de mon argent de poche mensuel et il était hors de question de demander une avance à mes parents dont la réponse n'était que trop évidente), il allait falloir faire preuve d'ingéniosité pour trouver LE bon plan. Je ne voulais pas lui demander personnellement ce qu'elle désirait, sinon ce ne serait plus une surprise !
Sa façon de s'habiller me donnait les premières indications. Elle était toujours en jeans surmontés d'un gros pull l'hiver ou d'un tee-shirt à la venue des beaux jours, tenue souvent accompagnée d'un foulard, de ceux qui sont bien longs et qu'on peut entortiller plusieurs fois autour du cou.
Discrètement, je lui tournais autour pendant la récréation, et m'aperçus qu'elle portait quelques bijoux en argent, dont un piercing à la narine gauche.
Vu sa maigreur, elle ne devait pas manger des tonnes de chocolat, et des fleurs, c'est bon pour les adultes, donc j'avais ma petite idée en rentrant des cours.
Après un salut à la cantonade, je fonçais dans ma chambre, allumais mon ordinateur et partis à la recherche de l'objet sur lequel j'avais jeté mon dévolu.
Après quelques éclairs, la lumière se stabilisa sur l'écran. Ouf ! J'échappais à la panne pour ce soir, mais il faudrait que je réitère ma demande pour un nouvel engin.
Hop ! C'est parti ! Je tape « bijou en argent » et la recherche démarre. J'attends avec impatience les premières images, car je ne suis pas sûre de trouver ce dont je rêve et que j'ai aperçu un jour au doigt de la copine de mon frère.
Voilà, ça s'affiche. Bracelets, non ! Colliers, non ! Ah ! Bagues ! C'est bon !
Houlà ! Une tête de mort pour une fille de 16 ans, cela me paraît un peu risqué !
Des représentations de blasons médiévaux ne me semblent pas vraiment adaptées non plus !
Celles-ci sont bien trop grosses et iraient à mon père.

Enfin, je l'ai trouvée ! Un anneau assez fin surmonté d'un réservoir rond et plat rempli à 90 % d'un liquide coloré rouge que le moindre mouvement agite dans tous les sens.
Le montant correspond à mes moyens et la livraison est assurée dans les 48 heures. En plus, il y a même possibilité d'échange. C'est parfait !

Questions

1. De quel cadeau s'agit-il ?
2. Considère-t-elle cet achat comme une corvée ?
3. Sa stratégie pour avoir des informations sur les goûts de Y. vous semble-t-elle efficace ?
4. Pensez-vous que ce cadeau fera plaisir à sa destinataire ?

Exercice n° 11

A B

Serrés les uns contre les autres, telles des sardines dans leur boîte, les spectateurs attendaient le début du spectacle avec beaucoup d'anxiété. Le héros de la soirée, ténor émérite et star internationale reconnue, avait livré une prestation on ne peut plus catastrophique deux jours auparavant dans ce même rôle. La laryngite évoquée, conséquence de plusieurs infections plus ou moins mystérieuses, était la cause de tout mais un traitement efficace et adapté avait été institué pour résoudre le problème.

Chantera ? Ne chantera pas ?

Telle était déjà la première question.

Il chantera.

Mais que pourra-t-il faire ?

C'est à cette question fondamentale que les 9 000 spectateurs se proposaient de répondre après deux heures trente de spectacle.

Car, comme leurs ancêtres romains, ils n'étaient là que pour un jeu de cirque. Certes, les fauves ne dévoraient plus tout cru les pauvres malheureux qui avaient la malchance de leur être jetés en pâture (quoique la presse et les commentaires sur le net avaient un peu donné cette impression), les chars ne se livraient plus une course aussi acharnée que dangereuse, voire mortelle pour certains (quoique l'effort physique demandé ressemblait plus à un exploit sportif de haut niveau qu'à une ballade sentimentale), et la statue d'Auguste était cachée par un élément du décor à connotation asiatique adaptée à l'ambiance (l'action se déroulait à l'époque de la chine impériale), donc pas de pouce dirigé vers le bas, signant la mort du héros déchu.

Les cigales donnaient le ton de cette soirée en plein air et l'opéra commença.

Les deux premiers actes rassurèrent un peu la foule, ça allait nettement mieux, même si les connaisseurs ne le trouvaient pas au mieux de sa forme. Il tenait cependant son rang !
Quand la speakerine annonça une demi-heure d'entracte, un immense « oh » de frustration s'éleva, tant l'attente de l'air fameux du début du troisième acte était grande.
Enfin, le moment crucial arriva.
Un silence absolu s'établit, qui le fit paraître fragile, seul, face à lui-même et à ces milliers de gens qui n'étaient là que pour lui sur cette immense scène d'un autre siècle.
Dans cet amphithéâtre construit il y a plus de deux mille ans, ouvert sur le ciel de Provence, il entama l'ascension de son Everest en espérant dompter le contre-si final, si tant est que ses cordes vocales aient la bonne idée de vibrer de façon adéquate.
Le stress était à son comble dans les gradins, les groupies retenaient leur souffle quand s'éleva cette voix, puissante, au timbre un peu serré sans doute, mais se jouant de toutes les difficultés et terminant sur des hauteurs vertigineuses, portant parfaitement les dernières paroles du morceau : « Je vaincrai ». Personne n'entendit la fin, l'orchestre continua de jouer pour lui-même tant les applaudissements éclatèrent tel un ouragan, saluant la performance.
Il avait réussi, la mise à mort ne serait pas pour ce soir !

Questions

1. Cet opéra se joue-t-il dans une salle de spectacle ?
2. Cet opéra se joue-t-il dans une région plutôt du nord ou du sud ?
3. Le héros de l'histoire a-t-il réussi son pari ?
4. À votre avis, peut-on rassembler 9 000 personnes environ pour un tel spectacle ?

Exercice n° 12

A

B

Le mariage de Paolo et Paola, dont vous avez sûrement reçu le faire-part, se déroula bel et bien à la date prévue et au lieu dit.
Ce jour-là, le soleil fut au rendez-vous, les invités aussi, à l'heure dite, réunis sous les deux platanes devant la mairie tant la chaleur accablante faisait couler les maquillages et coller au corps les tenues de cérémonie humides de sueur. L'attente semblait interminable, le maire était déjà sorti deux fois en vociférant qu'il n'avait pas que ça à faire, mais toujours pas de mariés à l'horizon, et pas de nouvelles de leurs parents non plus. Les portables avaient beau crépiter sans arrêt, pas de réponse, à part les voix artificielles des messageries. L'arrivée de la tante du marié en voiture de sport décapotable et décapotée, la tête ceinte d'une immense capeline, fit diversion un certain temps mais, malgré toutes les bonnes histoires qu'elle avait à raconter, l'animation retomba.
Enfin ! Les voici ! Bisous par ci, serrements de main hâtifs par là et tout le monde s'engouffre dans la minuscule salle surchauffée des cérémonies.
Le maire eut vite fini, un quart d'heure maximum et le cortège partit au pas de charge, direction l'église, car autant faire les choses en grand.
Perché sur le perron, le prêtre, aux couleurs de l'Afrique, faisait les cent pas en regardant sa montre. Un petit sprint, et tout le monde entre, bien rangés deux par deux, sans erreur de protocole.
Le maître de cérémonie attaque d'emblée sur le retard, les mariés se ratatinent un peu sur leurs chaises et les invités ricanent dans les travées.
Le duo de chanteur semble prêt à chauffer l'assistance, mais, que nenni, le temps manque et si le guitariste peut livrer un chant poignant qui fait pleurer toute l'assistance, la chanteuse dont le répertoire semblait un tantinet plus gai, n'a droit qu'à trois secondes pour montrer l'étendue de son talent et la force de sa voix (heureusement d'ailleurs que les vitraux sont déjà tous cassés !).

Ouf, c'est fini et tout le monde se retrouve dehors où la température n'a pas baissé, un peu éberlué par ce tempo d'enfer. Direction le château, pour des agapes qui dureront toute la nuit. Là, tout le monde sera à l'heure, voire en avance !

Questions

1. Le déroulement de la cérémonie fut-il lent ou rapide ?
2. Les héros de la fête étaient-ils ponctuels ?
3. A-t-on des renseignements sur la tenue vestimentaire des mariés ?
4. À votre avis, la cérémonie aurait-elle été plus agréable si moins pressée ?

Exercice n° 13

A

B

L'étudiant plein d'espoir qui recherchait un appartement dans le centre de Paris afin d'y poursuivre ses études universitaires, dut assez rapidement se rendre à l'évidence : cela était inaccessible pour lui sur le plan financier. En côtoyant quotidiennement des personnes avec les mêmes difficultés, il apprit qu'il avait probablement droit à une aide au logement, ce qui lui permettrait d'envisager un loyer plus élevé. De toute façon, il ne risquait rien à en faire la demande.
« Quelques clics », disait la brochure.
Une fois connecté sur le site, il se rendit comme indiqué à la rubrique « les services en ligne ».
Le questionnaire se déroulait en plusieurs étapes et il y avait visiblement beaucoup de cases à remplir. Ce ne serait pas si rapide que ça !
D'abord s'identifier si l'on est déjà allocataire, ce qui n'était pas son cas.
Sinon, suivre directement les étapes proposées.
En premier lieu, vous donnez des renseignements concernant votre résidence principale, en l'occurrence celle de vos parents. Ensuite le logement que vous occupez pour l'instant, l'aide étant calculée selon son état sanitaire et le montant du loyer. Et là, aucune des propositions ne correspondait à son cas puisqu'il était pour un mois logé chez des amis.
Puis vinrent les questions afférentes aux revenus. Là non plus, ce n'était pas vraiment très clair puisqu'il ne travaillait pas et qu'il bénéficiait d'une allocation parentale, même s'il envisageait de se trouver un job à temps partiel.
Les conditions suivantes s'attachaient essentiellement aux changements de situation personnelle ou autres et ne le concernaient pas pour l'instant, mais comme les champs précédés d'un astérisque étaient à remplir obligatoirement, il ne pouvait aller plus loin dans sa démarche sans des éclaircissements qu'on lui donnerait sûrement à l'agence dont l'adresse et les références téléphoniques étaient mentionnées en bas de page.

Questions

1. A-t-il compris comment remplir la simulation de revenus ?
2. Doit-il donner l'adresse de ses parents ou celle de ses amis ?
3. À votre avis, quel est le critère principal pour avoir droit à cette aide ?
4. Que faut-il faire en premier : trouver un logement ou demander l'aide ?

Exercice n° 14

A

B

Après les péripéties de la panne de voiture qui n'était pas grave, simplement deux fils électriques qui avaient eu la malencontreuse idée de se toucher et avaient de ce fait initié un court-circuit sans importance mais à l'origine de l'odeur de brûlé et de l'allumage de la lampe témoin, la réparation avait duré un quart d'heure à peine et il avait été possible de repartir, sains et saufs. Même le chien avait semblé vivre ça comme une aventure qu'il fallait prendre avec philosophie !
Le reste du voyage se passa sans histoire. À l'heure espérée et après une installation sommaire dans l'appartement, tout le monde se retrouva sur la plage pour un bain salutaire.
L'impatience était grande et chacun était décidé à profiter pleinement de ce moment tant attendu, si bien que les consignes de prudence et de vigilance concernant les hôtes indésirables des plages furent oubliées. Mais les petites bestioles se rappelèrent vite à la mémoire des estivants sous la forme de méduses, petites certes, mais tout aussi efficaces qu'une grosse et qui choisirent leur proie en la personne du cadet. Des cris, des pleurs ! Il faut reconnaître que lorsqu'elles piquent, c'est douloureux, et nouveau branle-bas de combat. Vite, rincer la zone à l'eau de mer et non à l'eau douce puis appliquer du sable en laissant sécher et en rinçant de nouveau à l'eau de mer après avoir gratté avec un papier rigide. Telles étaient les consignes données par la Croix-Rouge, aussi les parents s'empressèrent-ils de les appliquer immédiatement. Le résultat positif calma les pleurs. Mais de ce fait, tout le monde fut plus attentif à tous les insectes bourdonnant au soleil qui, s'ils ne montraient pas une attitude agressive pour l'instant, pouvaient à tout moment changer d'avis. Heureusement, les abeilles et les guêpes avaient l'air d'être allées se faire bronzer ailleurs, les mouches et les petites fourmis étant quand même d'une dangerosité moindre.
Le reste de la soirée se passa sans autre incident et tout le monde se coucha tôt, épuisé après toutes les émotions de la journée.

Questions

1. De quel autre texte celui-ci est-il la suite ?
2. L'intervention des parents a-t-elle calmé la douleur ?
3. À votre avis, y a-t-il d'autres animaux dangereux sur les plages ou dans la mer à proximité ?
4. Dans quelle circonstance est-il interdit de se baigner ?

Exercice n° 15

A

B

Frustré de ne pas pouvoir faire du roller comme ses copains du collège, il décida de mener une guerre psychologique à l'encontre de ses parents responsables de ce manque.
Au terme de quinze jours d'alternance bouderie/colère, ils cédèrent au chantage mais ne rendirent les armes qu'à certaines conditions dont la première était d'aller prendre des cours avec un professionnel avant d'avoir le droit de se lancer tout seul dans la grande aventure.
Peu importe, il était lui aussi prêt à faire des concessions maintenant qu'il avait atteint son objectif.
Le professeur qui enseignait était très cool et plein d'humour, ce qui rendait l'exercice plus agréable, et se retrouver dans le parc avec d'autres jeunes de son âge n'était pas pour lui déplaire.
L'achat des patins s'était bien passé et il avait pu obtenir exactement la paire qu'il convoitait, avec des roues assez grandes mais pas trop rigides pour aller plus vite (c'était le conseil d'un copain), et une marque connue par tous (ça, c'était super important pour ne pas avoir l'air ringard). Les protections étaient indispensables selon le moniteur et il fut vite équipé de protège-poignets, genoux et coudes sans oublier le casque, rouge, assorti aux patins !
D'abord le vocabulaire ! On ne fait pas du roller, on est un rider ! Après, il y avait des chiffres dont la signification lui avait un peu échappé et qu'il n'avait donc pas vraiment mémorisés, mais ce n'était pas le plus important.
Il était paré pour la première leçon !
En premier lieu, les enfiler. Heureusement, il avait eu la bonne idée de les prendre avec des scratchs, ce qui lui évita de batailler avec un système à lacets ou à boucle. Il fallut bien les serrer, sinon gare aux luxations de chevilles.
Se mettre debout fut plus difficile et la présence d'un arbre à proximité fut d'une grande aide. Malgré cela, les patins semblèrent s'animer d'une vie propre et se mirent à rouler sans prévenir, ce qui envoya aussitôt leur propriétaire par terre sur les fesses. La technique des vrais adeptes se montra efficace et après avoir mis un genou et un patin au sol bien droit pour ne pas rouler, il poussa avec sa

jambe en posant une de ses mains dessus, et ramena l'autre jambe vers lui pour l'étendre devant lui. Après ce bel effort, surtout ne pas faire des mouvements trop brusques pour ne pas se retrouver à la situation de départ.
Mais sa motivation lui fit réussir sans problème cette première journée d'initiation et il put goûter à la griserie de rouler quelques mètres sans tomber.

Questions

1. Comment a-t-il eu gain de cause ?
2. Cela vous paraît-il être une bonne méthode ?
3. Quelle est la première étape à maîtriser ?
4. Pensez-vous que son équipement soit suffisamment protecteur contre les chutes ?

Exercice n° 16

A

B

L'accident qui aurait pu être fatal au conducteur du scooter eut lieu dans une rue en plein centre-ville, sur le côté nord de la place principale dont le centre s'ornait de la statue du Roi-Soleil à cheval. Malgré la chaleur caniculaire et les conseils de ne pas sortir en ces heures plus que chaudes de l'après-midi, de nombreux touristes déambulaient le long de cette voie dont une partie longeant la place était dévolue aux cyclistes, la voie adjacente à tout autre véhicule et la dernière réservée aux bus. À ce moment-là, un bus double dont la longueur semblait infinie circulait dans le sens est/ouest avec peu de personnes à bord. Des voitures allaient dans le même sens, sur une seule file, à allure très réduite et la piste cyclable était vierge de toute circulation.

Deux scooters slalomaient entre les voitures sur la voie réservée à celles-ci, sans vitesse excessive, et chaque conducteur était correctement équipé d'un casque, protection indispensable ; cependant, ils étaient en tenue estivale.

Les limites entre les différentes voies étaient très marquées : un renflement arrondi entre la voie du bus et celle des voitures, et une marche de ciment entre celles des voitures et des cyclistes. Au n° 8, lieu du drame évité, un feu réglait la circulation avec une rue perpendiculaire qui descendait du nord. Le feu était au vert pour les usagers dans le sens est/ouest et le bus était déjà engagé à moitié. Suite à un freinage intempestif de la voiture de tête, diront certains témoins, un des conducteurs de scooters perdit à la fois le contrôle de son engin et l'équilibre, phénomène accentué par le monticule qui séparait sa voie de celle du bus. Il dérapa et chuta brutalement sur la chaussée, à hauteur de la partie centrale du bus. Les spectateurs involontaires imaginèrent avec effroi l'issue inéluctable de l'accident : il allait passer sous les rues du bus dont le chauffeur ne l'avait visiblement pas vu et qui, même dans le cas contraire, aurait été dans l'impossibilité absolue de faire quoi que ce soit, ne pouvant pas monter sur le trottoir à sa droite sans tuer à coup sûr une dizaine de piétons !

Mais un miracle eut lieu car, au dernier moment, l'usager du scooter put modifier le sens de sa chute et se répandit sur la chaussée côté sud, ce qui lui évita de

passer sous les rues du bus, et comme le conducteur de la voiture qui le suivait avait perçu ses difficultés, il s'était déjà arrêté et put ainsi l'éviter.
On entendit un grand « ouf » de soulagement de la part des témoins mais l'appel aux pompiers fut indispensable tant l'usager du scooter accidenté était sonné par la frayeur qu'il s'était faite ! Le bus, lui, disparaissant au loin, indifférent à la scène.

Questions

1. Le conducteur du scooter circule-t-il sur la voie la plus au nord ?
2. Le chauffeur du bus avait-il une chance de pouvoir l'éviter ?
3. Sait-on si ce même chauffeur a eu conscience de l'accident ?
4. À votre avis, dans quelle chronique journalistique se classe ce genre d'événement ?

Exercice n° 17

A B

Couché sur son lit d'hôpital au service des urgences, il regardait d'un air consterné le magnifique plâtre qui enserrait sa jambe gauche au-dessous du genou, pied compris. En levant le bras, sa main rencontra le bandage qui lui entourait la tête. Il était seul, un peu perdu, essayant de se souvenir pourquoi il était là et comment il y était arrivé. Une infirmière vint vers lui, voyant qu'il s'était réveillé, et lui tapota affectueusement le bras en lui demandant comment il se sentait. Intimidé, il n'osa répondre et fondit en larmes quand il aperçut le visage angoissé de sa mère dans l'embrasure de la porte, et deux de ses meilleurs copains qui n'avaient pas non plus l'air d'être en grande forme !
Un monsieur dont il ignorait tout s'approcha également, et commença à parler avec sa mère, lui demandant des détails à propos de l'intervention et quel était le pronostic.
Et tout lui revint en mémoire d'un coup. Il marchait sur le trottoir, ses écouteurs sur les oreilles, avec son sac de sport contenant ses affaires de bain, content d'aller retrouver ses amis qui lui avaient fixé rendez-vous par mail devant la cafétéria de la piscine. Mais il aperçut soudain sur le trottoir d'en face deux autres copains dont l'équipement laissait envisager un entraînement de football. Justement, il fallait qu'il les prévienne de la soirée organisée chez Manon samedi et à laquelle ils étaient cordialement invités. Sans réfléchir, il descendit du trottoir pour aller les rejoindre, sans regarder l'état de la circulation. Il eut juste le temps de voir ses potes faire de grands gestes et leur bouche s'ouvrir dans un grand cri quand il se sentit projeté en l'air après avoir vaguement entendu le bruit d'un coup de frein désespéré, signé sans doute du monsieur qui se tenait au pied de son lit maintenant.
Il se sentait quelque peu honteux de son étourderie alors que ses parents lui faisaient confiance depuis longtemps et le laissaient volontiers sortir seul. Mais tout le monde était tellement soulagé de le voir sain et sauf, blessé mais sans que sa vie soit en jeu ou que des séquelles soient à craindre, que personne ne lui adressa le moindre reproche.

Questions

1. Le conducteur du véhicule a-t-il une part de responsabilité dans l'accident ?
2. Quelle est la raison de sa brusque décision de traverser ?
3. Il n'a pas eu l'information visuelle mais pourquoi n'a-t-il pas eu l'information sonore ?
4. À votre avis, la première frayeur passée, aura-t-il droit à un beau sermon de la part de ses parents ?

Exercice n° 18

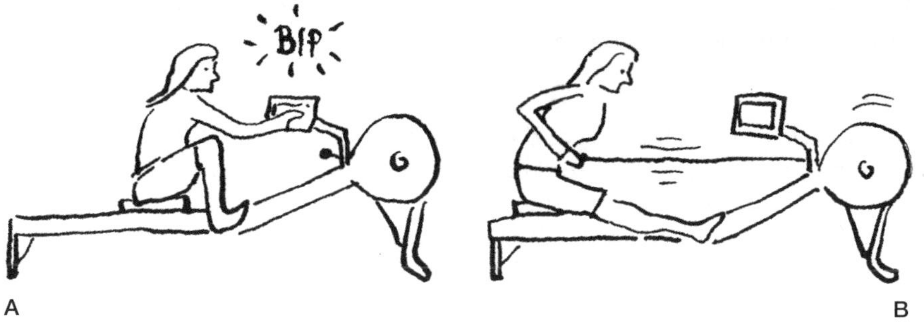

Suite à sa première journée de cours à la faculté de médecine, elle décida, en arrivant sur le site de son école, qu'une petite séance à la salle de musculation lui permettrait de s'aérer l'esprit et de décontracter ses muscles après avoir été assise dans cet immense amphithéâtre, écoutant ses très nombreux professeurs de chimie, physique et autres nourritures spirituelles, indispensables, bien sûr, pour réussir sans redoubler cette première année élitiste, étape obligée si elle voulait pratiquer un jour ce métier dont elle rêvait depuis le cours préparatoire.
Elle avait toujours été une excellente élève et n'avait pas de doute sur sa capacité à atteindre son objectif. Il suffisait de travailler, encore et encore !
Mais, ce soir, elle avait envie d'autre chose que de se retrouver seule face à ses livres.
Une musique entraînante l'accueillit mais elle vit en un coup d'œil que presque toutes les machines étaient occupées, essentiellement par ses camarades ; aussi décida-t-elle de tenter un essai au rameur. Elle avait déjà pratiqué un peu de canoë sur les rivières de sa région, donc ça devrait aller !
Bien installée, elle commença à tirer vigoureusement sur la poignée qu'une chaîne reliait à la roue d'entraînement dans un bruit de poulie, mais le casque sur les oreilles lui permit d'y échapper. C'était dur !
Soudain, elle vit arriver dans la glace qui lui faisait face le moniteur de sport. Il lui fit signe de s'arrêter ; visiblement, il avait des choses à lui dire.
Effectivement !
« À ce rythme, et avec ce geste, vous allez vous faire très mal au dos, alors que cet appareil permet de faire travailler de très nombreux muscles dont les lombaires. Ce serait vraiment dommage !
D'abord, pour commencer, on met une résistance moyenne. Vous ne préparez pas les Jeux olympiques !
Ensuite, il faut se représenter le mouvement qui est de tirer la chaîne en redressant le dos à la verticale, légèrement oblique arrière à la fin du mouvement, jambes tendues. Et surtout, quand vous revenez, d'abord, plonger vers l'avant avec les bras qui retiennent la chaîne, tout en gardant les jambes tendues et, seulement après, vous pliez les genoux. »
C'était clair ! Au premier essai, dans son désir de plonger, elle y mit tant d'ardeur qu'elle faillit se cogner le front contre l'écran affichant les différents paramètres

(durée, puissance, nombre de coups de rame à la minute...). Elle se concentra, se corrigea, accepta de ne pas battre un record dans l'heure, et trouva le bon rythme.
Mais cela restait quand même fatigant !

Questions

1. Quel est le métier qu'elle rêve d'exercer ?
2. A-t-elle envie d'exercer cette profession depuis longtemps ?
3. Y a-t-il beaucoup de monde dans la salle de sport ?
4. A-t-elle la possibilité visuelle de se corriger ?

Exercice n° 19

A B

À son retour de vacances passées sur les bords de l'océan Atlantique à apprendre la technique du surf dans le cadre d'une colonie, Chloé, à la descente du train, retrouve ses parents surexcités. Ils avaient l'air contents de la revoir mais étaient visiblement très pressés et le retard avec lequel elle parvenait enfin à destination les avait encore plus énervés. Après les embrassades d'usage, ils les poussèrent sans ménagement, elle dans la voiture et son sac dans le coffre, afin de pouvoir rentrer au plus vite continuer les préparatifs du mariage de la grande sœur, grand événement estival, qui devait avoir lieu dans dix jours.
Toute la maison était dans une effervescence incroyable, des tas de cartons s'entassaient un peu partout et quand elle put enfin se frayer un chemin jusqu'à sa chambre, elle entendit sa mère lui demander, en fait exiger, de gérer son linge sale toute seule, et ce immédiatement.
« Zut », pas même le temps de papoter avec ses copines pour leur raconter la fabuleuse rencontre de l'été.
Comme elle savait qu'il était inutile de discuter les ordres maternels, elle descendit au sous-sol avec son sac, en sortit tout son linge et fit tout entrer de force dans le tambour de la machine, ce qui n'était pas conseillé, mais elle n'avait aucune envie d'en faire deux. La fermeture du hublot ne fut pas facile mais en poussant de toutes ses forces, elle y parvint. Une bonne dose de lessive, deux même, car certaines pièces étaient vraiment très sales, sans oublier de remplir à ras bord le compartiment de l'adoucissant, et, hop, le bouton « marche » et retour dans une heure.
Ce qu'elle fit. La machine à laver s'était tue, probablement étouffée par l'amas de mousse sous lequel elle disparaissait et qui continuait de s'échapper par tous les interstices de sa carcasse. Des quantités d'eau s'étaient déversées dans toute la buanderie sur deux centimètres en mouillant la base de tout ce qui était posé par terre.
Poussant un cri strident, elle remonta à l'étage chercher son père qui, devant le désastre, lui adressa les reproches redoutés, ce qui eut pour conséquence d'ajouter l'eau de ses pleurs à l'inondation.

Par sécurité, il coupa l'alimentation électrique et entreprit de vider la machine dans laquelle elle avait mis trop de tout, linge, lessive et adoucissant, cause de tous ces débordements.
La gestion personnelle de sa lessive ne fut pas un gain de temps pour le reste de la famille, mais après une heure de nettoyage, l'engin redémarra vaillamment sans rechigner.

Questions

1. Quelle est la raison de l'agitation domestique ?
2. Pourquoi couper l'électricité ?
3. Quelle est la cause de l'incident ?
4. À votre avis, cela aurait-il pu avoir des conséquences dramatiques ?

Exercice n° 20

A B

En cet après-midi d'hiver pluvieux et venteux, Noémie avait promis à sa mère de rester à la maison, pour faire ses devoirs, bien sûr, mais aussi avait-elle la lourde charge de surveiller son frère, gamin turbulent de cours préparatoire avec lequel elle entretenait cependant de joyeuses relations affectives malgré leur grande différence d'âge et leurs pères différents. Elle ne pouvait échapper à cette responsabilité depuis que sa mère avait commencé ses séances de rééducation chez le kinésithérapeute suite à sa terrible chute dans l'escalier dont elle avait du mal à se remettre et dont les douleurs tardaient à disparaitre.
Captivé par son dessin animé préféré, le petit garçon ne posait pas de problème particulier, aussi put-elle se plonger dans la rédaction de ce devoir de français qu'elle devait absolument réussir si elle voulait voir sa moyenne trimestrielle remonter dans cette matière, ce qui était très important étant donné l'examen de fin d'année.
Soudain, elle prit conscience du silence ambiant et se demanda ce qui pouvait motiver la coupure du son de la télévision. En un bond, elle fut dans le salon, la gorge nouée à l'idée de le trouver désert. Mais il était là, le nez collé à la vitre, conquis par le spectacle de la rue. Voulant en avoir le cœur net, elle s'approcha afin de découvrir ce qui le fascinait tant.
Et là, stupeur, elle vit de la fumée s'échapper d'une fenêtre du troisième étage de l'immeuble en face, correspondant à l'appartement de la dame, un peu âgée et se déplaçant avec beaucoup de difficulté, qu'elle croisait de temps à autre sur le trottoir ou à la boulangerie.
Bousculant le spectateur, elle se précipita sur le téléphone grâce auquel elle appela immédiatement les pompiers pour leur signaler le sinistre. Elle remercia en pensée ses parents qui lui avaient appris depuis qu'elle était toute petite comment se comporter en cas d'urgence. Elle déclina son identité et ses coordonnées téléphoniques et décrivit de manière succincte mais précise la situation.

Moins de dix minutes plus tard, elle entendit la sirène et tout l'arsenal nécessaire fut déployé. Plus tard, elle apprit que la vieille dame avait mis le feu à son fauteuil en s'endormant avec sa cigarette à la main, mais que son intervention avait permis d'éviter le pire.

Questions

1. A-t-elle fait preuve de présence d'esprit ?
2. Est-ce son frère ou son demi-frère ?
3. Son intervention a-t-elle permis de sauver la locataire de l'appartement d'en face ?
4. Quel est l'élément déclencheur de sa découverte du début d'incendie ?

Exercice n° 21

A B

En arrivant au péage de l'autoroute en ce dimanche soir de rentrée de vacances où les voitures se rangeaient en files interminables à chaque poste de paiement, il opta pour le sigle « paiement par carte », ayant déjà préparé son ticket d'entrée et sa carte bleue.
S'engager dans les passages dont la signalétique était une flèche verte ne permettait pas de passer plus vite, le personnel n'étant plus présent dans les guérites vitrées depuis déjà un certain temps, et chacun devait finalement se débrouiller avec les caisses de paiement automatique.
Quatre voitures attendaient devant lui, le délai paraissait donc raisonnable. Il vit la barrière s'élever au-dessus du toit des voitures précédentes, ce qui était bon signe, mais en même temps, une pièce tomba sous les roues de la première voiture et sa conductrice voulait visiblement la récupérer à tout prix. En se contorsionnant, car la marge de manœuvre d'ouverture de la portière côté conducteur était étroite, elle réussit à s'extirper de l'habitacle. Après avoir tâtonné sous le châssis pendant quelques minutes à quatre pattes, elle récupéra enfin son bien. Sa tentative pour réintégrer l'auto fut spectaculaire ; l'ouverture de la portière n'étant pas suffisante, elle se glissa par la vitre heureusement grande ouverte. Chacun voyait ce rodéo se terminer quand la barrière s'abaissa brusquement, probablement lassée d'attendre en vain. Il fallut appeler un intervenant par le haut-parleur prévu à cet effet et, comme il avait profité du spectacle d'acrobaties de la conductrice en intégralité, il ne mit pas sa parole en doute et libéra le passage.
Les deux voitures suivantes passèrent sans problème : ticket, carte de crédit, reçu.
La dernière voiture le précédant était immatriculée dans un pays limitrophe, francophone et le début des opérations commença plutôt bien. Le ticket fut aspiré par la machine mais la carte de crédit refusa avec obstination de s'engouffrer dans l'ouverture prévue à cet effet. Qu'à cela ne tienne, le conducteur demanda à sa passagère de lui donner la sienne, ce qu'elle fit de mauvaise grâce

à en juger par ses gesticulations et hochements de tête rageurs perceptibles à travers la lunette arrière. Même refus ! Alors commença le ballet des cartes de crédit (ils en avaient toute une collection !), toutes plus rétives les unes que les autres à pénétrer dans la machine alors même que le ticket avait disparu depuis longtemps !
Quand enfin, sans que l'on sût très bien pourquoi, la barrière se leva, il s'était passé dix minutes depuis le début de la scène.
Mais peu importe, il s'était bien amusé !

Questions

1. Quels sont les deux facteurs qui expliquent l'affluence ?
2. Y a-t-il des moyens de paiement qui ne nécessitent aucune manipulation ?
3. Y a-t-il encore beaucoup de personnel au péage ?
4. À votre avis, la première situation est-elle visuellement comique ?

Exercice n° 22 ◈

A

B

Munie de l'ordonnance de son médecin traitant dont les propos alarmistes l'avaient un peu paniquée, la dame blonde se présenta à l'accueil du centre spécialisé dans les pathologies cancéreuses pour y rencontrer le spécialiste qui devait normalement lui donner des informations plus précises sur son cas et affiner le diagnostic.

Malgré l'heure matinale, la ronde des taxis avait déjà commencé devant la porte tournante de l'entrée, ceux-ci déversant des patients venus là, seuls ou accompagnés, portant tous des dossiers nécessaires à leurs soins.

La jeune personne de l'accueil la reçut avec le sourire, lui demanda toutes ses données d'état civil, ainsi que sa carte d'affiliation aux régimes de remboursements des frais médicaux. Les mains tremblantes, elle farfouilla dans son sac, sans les trouver immédiatement alors qu'elle était sûre de les y avoir mises, l'émotion et le stress lui faisant perdre tous ses moyens. L'hôtesse lui parla alors gentiment du temps frais de cette matinée de fin de mois d'août et, reconnaissante devant cette tentative de diversion, elle put retrouver à la fois ses esprits et ses papiers. Les formulaires remplis, elle alla déposer sa fiche de consultation dans la bannette fixée à cet effet sur la porte du bureau du praticien et s'assit. Elle découvrit alors le décor qui l'entourait, le vaste hall décoré de plantes vertes, apprécia le confort du fauteuil dans lequel elle était installée et fit un sourire timide à sa voisine. Le sujet du temps qu'il fait étant un vecteur universel d'initiation de la communication, les commentaires à propos de ce dernier qui n'était pas de saison fournirent l'amorce d'une conversation entre deux personnes qui ne se connaissaient pas un quart d'heure auparavant et dont le seul point commun était la pathologie.

Elle se détendit un peu, surveillant quand même la pendule fixée au mur en espérant ne pas devoir attendre trop longtemps, quand elle fut appelée presque aussitôt par le praticien, très respectueux des horaires.

La visite se passa bien. Il fut objectif et quand elle en ressortit pour prendre rendez-vous avec l'anesthésiste, l'opération ne pouvant être évitée, par sécurité, lui précisa-t-il, elle se sentit apaisée par l'efficacité de cette prise en charge. Le savoir-faire qu'elle avait rencontré lui rendait confiance et lorsqu'elle se retrouva sur le trottoir, une chose lui revint en mémoire, une sensation diffuse qu'elle n'avait pas encore réussi à identifier : l'odeur, agréable, sans les relents de désinfectant habituels en ces lieux !

Questions

1. En quelle saison se passe la scène ?
2. La qualité de l'accueil l'aide-t-elle à surmonter son angoisse ?
3. L'enchaînement des étapes vous paraît-il suffisamment explicite ?
4. Quel est l'élément qui lui donne confiance ?

Exercice n° 23 ◈

A B

La petite dame blonde, qui avait apprécié autant que faire se peut l'ambiance de l'hôpital, fut convoquée pour une biopsie dès la fin de la semaine. Étant donné que l'intervention, bien qu'externe, se situait au niveau de l'œil droit, sur le bord de la paupière inférieure, endroit sensible, fragile et délicat par excellence, une anesthésie générale, bien que légère, était obligatoire, nécessitant une entrée dans le service du chirurgien plasticien le dimanche à 16 h pour y être opérée le lundi en début d'après-midi.
Accompagnée de son fils et de sa belle-fille qui l'amenèrent depuis la petite ville éloignée de 45 km où elle habitait, elle se présenta au jour et à l'heure dits.
Les consignes données à l'accueil furent difficiles à comprendre, mais le fait de ne pas être seule lui épargna l'effort de devoir se concentrer et elle se laissa guider comme une enfant.
Une fois dans sa chambre où un infirmier l'accueillit, elle fut plutôt favorablement impressionnée par la propreté des lieux et la dextérité du personnel à la prendre en charge.
Après s'être assuré que tout allait bien, ses enfants la laissèrent en emportant sa carte de crédit et ses bijoux, objets de convoitise en ces lieux où le personnel ne pouvait assurer la surveillance en plus d'une charge de travail déjà énorme. Elle décida de garder ses papiers d'identité et sa carte d'assurée sociale sans pour autant les enfermer dans le coffre mis à sa disposition dans la chambre. Elle avait hâte d'être seule pour exécuter les tâches demandées par le personnel soignant (douche avec les produits adaptés, repas...) et pouvoir ensuite se reposer.
Le lundi se passa comme annoncé, avec l'intervention assurée plus tard que prévu, et elle dormit le reste du temps.
Quand son fils arriva dans sa chambre le mardi à 11 h, il la trouva prête à partir, les cheveux hirsutes, le pansement recouvrant l'œil lui donnant un air égaré, toute bouleversée par le vol de son portefeuille dont elle venait d'être victime. Elle lui assura que le chef de service lui avait signifié qu'elle pouvait sortir ce matin. Une infirmière arriva sur ces entrefaites, visiblement mécontente,

et apostropha le rejeton en lui signifiant que le fait d'être lui-même médecin ne lui donnait pas le droit pour autant de décider de l'heure de la sortie des patients, fût-ce sa mère. Interloqué, il jura n'être au courant de rien, ce qui était la stricte vérité, et qu'il ne se mêlait en aucune façon de l'organisation de leur planning. La petite dame rangea de nouveau ses affaires dans le placard en s'excusant, accepta de ne sortir que le lendemain pour des raisons médicales évidentes. Une boîte de chocolats du meilleur artisan de la ville rendit le sourire à l'ensemble du personnel.

Questions

1. Quel est l'élément qui a déclenché la panique chez la patiente ?
2. Quelle est la profession de son fils ?
3. Qui avait décidé de sa sortie le mardi matin ?
4. Pensez-vous que l'état dans lequel l'a mise son hospitalisation ait oblitéré ses capacités de jugement ?

Exercice n° 24

A

B

Arrivés le matin par le ferry, Alex et la bande d'amis dont il s'entourait commencèrent à faire des projets pour la soirée à venir après une après-midi consacrée à une sieste réparatrice. En effet, la traversée s'était montrée éprouvante, la mer démontée ne permettant pas un sommeil réparateur.

L'installation des mobil-homes qu'ils pouvaient utiliser, prêtés par un ami de son père, était sommaire mais tout le matériel de base était en bon état et l'hygiène en était irréprochable.

Certains membres de la troupe étaient visiblement moins sujets au mal de mer que les autres, ils partirent donc en ville faire les courses afin de remplir le frigo pour le restant de la semaine ; quand ils revinrent, déjà un peu éméchés par quelques apéritifs pris à la terrasse d'un café, ils s'étaient, en plus de la nourriture, chargés de plusieurs packs de bière et de petits cubitainers de vins aux trois couleurs différentes.

Le souper fut bien arrosé et la douceur de l'air les invitait à aller terminer la soirée dans la boîte de nuit qu'ils avaient repérée en arrivant.

Ils y entrèrent, bruyants sans doute, et commencèrent à se trémousser sur la piste de danse comme tout le monde. Alex s'était muni d'un des cubitainers de rosé, mais dès que les membres du personnel s'en aperçurent, ils le prièrent de sortir, ce qu'il fit. Il s'installa sur la terrasse extérieure où, bientôt rejoint par sa bande, ils firent un sort au vin. Le videur revint leur signifier qu'ils ne pouvaient apporter leur propre boisson dans un débit du même nom. Le ton monta rapidement, chacun restant sur ses positions sans écouter les arguments de l'autre et Alex suivit l'employé derrière l'établissement sans que cela ne semble émouvoir les personnes présentes. Mais quand un coup de feu retentit soudain, tous se figèrent puis se précipitèrent à l'endroit du tir où ils trouvèrent leur ami baignant dans une mare de sang. Les pompiers, arrivés très rapidement sur les lieux, ne purent rien faire pour lui. Le coupable était là mais sans aucune arme, que la gendarmerie ne retrouva que le lendemain matin, cachée au fond d'une poubelle, évitant de peu qu'elle ne disparaisse, emportée par les éboueurs.

Questions

1. Quelles sortes de vin contiennent les cubitainers ?
2. A-t-il survécu au coup de feu ?
3. Pensez-vous que le fait d'être alcoolisé ait pu aggraver la situation et induire cette issue fatale ?
4. Qui est le coupable ?

Exercice n° 25

Depuis son entrée en 5e trois mois plus tôt, Jean s'était lié d'amitié avec Clovis, nouveau venu au collège. Ils avaient de nombreux points communs, dont la pratique du même sport, et surtout tous deux adoraient le cinéma. Les blagues de son nouvel ami lui paraissaient souvent plus que douteuses, mais comme personne n'est parfait selon le dicton bien connu, il s'en accommodait ou tentait de le faire, bien que parfois il ne pouvait se retenir de lui en faire la remarque.
En cette fin d'après-midi, munis de l'argent de poche dont leurs parents avaient bien voulu les gratifier, ils se dirigeaient vers le grand centre cinématographique où ils savaient qu'ils pourraient assister à la projection du dernier film d'action, sorti il y a une semaine à peine, de ce grand acteur américain dont tous deux étaient fans. Ils salivaient déjà à la pensée du méga pot de pop-corn qu'ils allaient s'offrir. Ce serait une bonne séance !
Ils avisèrent, marchant devant eux, un monsieur dont la ceinture de l'imperméable traînait par terre sur le trottoir, n'étant retenue que par un des passants du vêtement. Avant qu'il n'ait pu réagir en avertissant la personne, Clovis marcha sur le bout de tissu, ce qui stoppa net le propriétaire de l'habit qui se retourna, apeuré. Le fait qu'il portât de grosses lunettes noires et qu'une canne blanche accompagnât sa démarche hésitante expliquait sans doute pourquoi il ne s'était pas rendu compte du négligé de sa tenue.
La honte les submergea, et même Clovis sembla plein de remords. Ils se confondirent en excuses sous le regard courroucé des autres passants, ramassèrent la ceinture mais la victime n'avait pas du tout apprécié leur attitude et le leur fit savoir vertement. La journée était irrémédiablement gâchée !

Questions

1. Quelle est la passion commune qui les réunit ce jour-là ?
2. Quel est le handicap du promeneur à l'imperméable ?
3. Pensez-vous qu'ils auraient eu aussi honte s'il n'avait pas souffert de ce handicap ?
4. La victime leur a-t-elle laissé à penser que ce n'était pas grave ?

Corrigés

Exercice n° 1

A

1. Non. **2.** Non. **3.** Non.

Exercice n° 2

A

1. Non. **3.** Oui. **4.** Non.

Exercice n° 3

A

1. Une façon de faire connaissance. **2.** Non. **3.** Hiver. **4.** Oui.

Exercice n° 4

A

1. Oui. Policier. **2.** Oui. **4.** Non.

Exercice n° 5

B

1. Non. **2.** Non. **4.** Moteur.

Exercice n° 6

A

1. Permis de conduire. **2.** Non.

Exercice n° 7

A

1. Parents. **2.** Mère.

Exercice n° 8

A

1. Non. **2.** Oui.

Exercice n° 9

A

1. Non. **2.** Séduire. **3.** Non.

Exercice n° 10

B

1. Bijou. **2.** Non. **3.** Oui.

Exercice n° 11

A

1. Non. **2.** Sud. **3.** Oui.

Exercice n° 12

A

1. Rapide. **2.** Non. **3.** Non.

Exercice n° 13

A

1. Non. **2.** Parents. **3.** Le montant des revenus. **4.** Trouver un logement.

Exercice n° 14

A

1. n° 90. **2.** Oui. **4.** La tempête.

Exercice n° 15

A

1. Par une guerre psychologique. **3.** Se tenir debout.

Exercice n° 16

B

1. Non. **2.** Non. **3.** Oui. **4.** Rubrique faits divers.

Exercice n° 17

B

1. Non. **2.** La vision de ses amis. **3.** Le port du casque.

Exercice n° 18

B

1. Médecin. **2.** Oui. **3.** Oui. **4.** Oui.

Exercice n° 19

A

1. Le mariage. **2.** L'eau est un conducteur. **3.** Le trop-plein de lessive.

Exercice n° 20

B

1. Oui. **2.** Son demi-frère. **3.** Oui. **4.** Le silence.

Exercice n° 21

A

1. La fin du week-end, des vacances. **2.** Oui. **3.** Non.

Exercice n° 22

A

1. En été. **2.** Oui. **4.** L'accueil, l'environnement.

Exercice n° 23

A

1. Le vol de son portefeuille. **2.** Médecin. **3.** Elle-même.

Exercice n° 24

B

1. Rouge, blanc, rosé. **2.** Non. **4.** Le videur.

Exercice n° 25

A

1. Le cinéma. **2.** La cécité. **4.** Non.

CHAPITRE 3

Textes descriptifs

Exercices n° 26 à 52

Exercice n° 26

A

B

Regardant à travers la fenêtre de sa chambre entre deux révisions en vue du passage du bac, elle vit, au-delà des jardins avoisinants, sur le parking du lycée bordé par une rivière faisant un coude à cet endroit-là et désert en cette fin de journée, un couple accompagné de leur fille d'une dizaine d'années qui se prêtaient à des gesticulations bizarres. En étant plus attentive, elle s'aperçut que la dame essayait de monter sur un scooter flambant neuf, tentant de suivre les directives, à la fois de son mari et de sa fille, afin de parvenir à garder son équilibre sur cet engin dont elle n'avait manifestement pas la maîtrise. Amusée, elle la voyait pencher une fois à droite puis à gauche, ses deux anges gardiens l'empêchant de tomber. Au bout de dix minutes de ce manège, la novice réussit enfin à stabiliser sa monture et l'on entendit le bruit pétaradant caractéristique du moteur. Le contact était mis, les choses sérieuses allaient pouvoir commencer. La manette des gaz était visiblement très facile à manipuler, car le vrombissement du moteur atteignit un niveau de décibels fort élevé pour ce quartier tranquille, mais, après un hoquet, il s'arrêta brusquement. Y avait-il un lien avec l'odeur d'huile brûlée qui se répandit soudainement ?

À priori non, car une deuxième tentative suivit immédiatement et, cette fois, le bruit fut nettement plus doux. La dame apprenait vite !

On était en plein apprentissage de la manipulation de la manette des freins quand, fausse manœuvre ou précipitation, l'engin partit comme une flèche en ligne droite, emportant la malheureuse avec lui. La chute semblait inévitable mais elle réussit à maintenir son équilibre, et le spectacle du scooter fou poursuivi par deux personnes criant : « Arrête-toi, maman, maman ! » aurait eu quelque chose de comique si elle n'avait pas disparu dans la rivière dans un grand bruit de branches cassées. La spectatrice involontaire se précipitait déjà sur son portable pour prévenir les pompiers, affolée par les hurlements de la fillette et les appels angoissés du mari, quand elle vit réapparaître l'héroïne involontaire, boitant un peu mais visiblement saine et sauve, entourée de sa famille qui l'embrassait avec soulagement.

Le scooter resta en contrebas toute la nuit et ne fut hissé hors du trou dans lequel il était tombé que le lendemain matin avec l'aide des amis. Il n'y eut pas de deuxième leçon au bord de la rivière !

Questions

1. Que lui manque-t-il en équipement dont on ne parle pas ?
2. À quel moment de la journée se situe l'action ?
3. Auriez-vous plutôt pris des leçons avec un professionnel ?
4. Pensez-vous qu'elle ait échappé de peu à un accident très grave ?

Exercice n° 27

A B

Agacé par les mouches, il secoue la tête et balaie ses flancs de sa queue couronnée d'une touffe de poils marron.
C'est un lion ordinaire, magnifiquement paré d'une puissante crinière mais qui ne chasse plus.
Lassé du bourdonnement des insectes, il se lève et s'ébroue avant de cheminer majestueusement sur son rocher. Il se dirige vers l'étendue herbeuse qu'il a l'habitude de fouler chaque matin à son réveil, s'y roule sur le dos dans un grand mouvement de pattes, essayant de se débarrasser de ces hôtes indésirables.
Puis il reprend sa déambulation selon un itinéraire immuable, le bout de ses pattes s'étalant sans bruit sur le sol sablonneux. Il longe le muret que suit le chemin de ronde, son pelage fauve luisant au soleil, la démarche dégageant une impression de grande énergie et de puissance. Il ne daigne regarder les visiteurs agglutinés derrière le haut grillage qui s'extasient sur sa beauté. Cette indifférence ne fait qu'accroître la fascination mêlée de peur qu'il inspire à la foule de ses admirateurs.
Il reste le roi des animaux.

Questions

1. Cet animal vit-il dans la savane ?
2. Reste-t-il dangereux, même en captivité ?
3. Est-il menacé de disparition ?
4. Est-il indifférent aux regards des visiteurs ?

Exercice n° 28 ◈

A

B

En ce début d'automne, la neige avait déserté depuis longtemps. Des rochers affleuraient, cernés d'une herbe brunâtre et sèche qu'aucun animal ne serait tenté de brouter. Quelques fleurs, dont le bleu soutenu contrastait avec le terrain caillouteux sur lequel elles avaient réussi l'exploit d'exister, résistaient aux premières pluies et mettaient un peu de gaieté dans le paysage. Des structures d'acier jalonnaient de larges espaces au bord desquels se dressaient des sapins dont le vert s'assombrissait sous le ciel maussade.

En bas, un amas de barrières en métal rouillé ou en plastique orange fluo jonchait le sol autour d'une maisonnette en verre et béton aux vitres cassées. Un vaste parking bétonné, vide à cette période de la saison, s'étalait comme une mer couleur d'encre.

On imaginait des chamois bondissant de rocher en rocher, des sapins serrés les uns contre les autres dont le vert vif trancherait sur le bleu éclatant du ciel, des oiseaux majestueux planant au-dessus des sommets que l'on apercevait au loin, mais l'œil restait prisonnier de cet amoncellement d'objets abandonnés dont l'utilité ne semblait plus si évidente sans la neige ni les tenues multicolores et les cris de joie de la foule dévalant le plus vite possible ces pentes.

L'homme, avec ses ambitions, avait dompté le paysage.

Questions

1. Dans quelle catégorie de paysage cette description s'inscrit-elle ?
2. Tel qu'il est décrit à cette époque de l'année, ce paysage est-il animé ?
3. Quel(s) sport(s) pratique-t-on ici en d'autres saisons ?
4. Le jugement porté à la fin du texte vous semble-t-il justifié ?

Exercice n° 29

A

B

Même si, de taille moyenne, il ne dépasse pas le mètre soixante-dix, sa façon de se tenir très droit mais avec souplesse, les épaules rejetées en arrière et la tête bien dans l'axe vertical du corps, le fait paraître plus grand qu'il ne l'est en réalité.

Cette impression est accentuée par son poids, inférieur à celui qu'on pourrait attendre chez une personne de cette taille. Ses longues jambes, moulées dans un jean ajusté, le propulsent avec agilité et nonchalance, tel un félin déambulant dans la savane.

Son regard d'aigue-marine semble fixer un objectif lointain, connu de lui seul, insensible à ce qui se passe en périphérie immédiate.

Aucun accessoire superflu ne vient ternir cette impression d'aisance et de facilité.

Pas de chapeau écrasant la silhouette malgré la chaleur accablante de cet après-midi, pas de sac pendant à une épaule plus basse que l'autre, pas de sacoche épaississant la taille, pas d'appareil photo brinquebalant entre chemisette et bermuda, pas une goutte de sueur dévalant un visage rougi par le soleil. Rien qui pourrait altérer cette silhouette magnifique.

Affalé dans son vieux fauteuil, sirotant sa canette de soda pleine de sucre, Paul contemple avec envie et désespoir ce spécimen de la gent masculine se déplacer sur l'écran de son ordinateur, envoyé par mail par sa copine Elsa.

Les questions se bousculent dans sa pauvre tête déjà bien encombrée avec les révisions des examens. Veut-elle lui signifier par là qu'il ne doit pas se faire d'illusion sur l'évolution de leur relation, qu'il est bien loin de son idéal de prince charmant avec ses presque deux mètres dont il ne sait pas trop quoi faire et sa silhouette dégingandée qui l'embarrasse ?

Mon Dieu ! Vite, un petit jeu vidéo pour oublier tous ces tracas !

Questions

1. L'aspect physique de Paul ressemble-t-il à celui du héros d'Elsa ?
2. Le fait qu'Elsa soit sa copine le satisfait-il ?
3. Pensez-vous qu'il ait raison d'interpréter son message ainsi ?
4. Pensez-vous qu'il ait encore espoir que la situation change ?

Exercice n° 30

A

B

Dans la pièce dont les volets à claire - voie laissent entrer une lumière qui éblouit, deux femmes s'activent autour de la grande table centrale. Mis à part leur tenue vestimentaire, tout les oppose : la couleur et la longueur des cheveux, leur stature et leur poids. L'une est grande, svelte et brune, l'autre petite, blonde et plutôt rondouillarde. La taille pareillement ceinte d'un tablier blanc, un bandeau de la même couleur emprisonnant leur chevelure, elles papotent tout en coupant, épluchant, étalant, mixant différents ingrédients éparpillés devant elles.
Certes, il n'est que dix heures, mais une chaleur étouffante règne déjà dans la pièce, d'autant plus que le four qui ronronne doucement dans son coin contribue à celle-ci. De plus, la marmite dont le contenu clapote en mijotant ajoute une part d'humidité en dégageant une vapeur à jet diffus mais continu. Même le chien, affalé dans sa corbeille, faisant fi des bonnes odeurs qui se dégagent, semble souffrir de ce microclimat de type équatorial et somnole, apparemment indifférent. Quelques mouches, à la carapace irisée de reflets bleutés, semblent par contre déborder d'une énergie incontrôlable et virevoltent dans la pièce, attirées par le mur contre lequel elles se cognent régulièrement.
Mais ce soir, tout le monde s'installera autour de la table, sous le grand cerisier du jardin, dans l'impatience de savourer les résultats de cette matinée d'effervescence, heureux de se retrouver et de rire ensemble !

Questions

1. Dans quel endroit se passe l'action et en quelle saison ?
2. Quelles sont les deux caractéristiques principales du climat ambiant ?
3. Quelle est l'activité des personnages ?
4. Pensez-vous que le soir sera un moment convivial ?

Exercice n° 31

A

B

Ayant brillamment réussi son bac, ses parents lui permirent de réaliser son rêve, continuer ses études littéraires à la Sorbonne, université mythique pour lui, située dans le cinquième arrondissement à Paris.
Ouf ! Il allait pouvoir à la fois quitter sa famille un tantinet omniprésente, pour ne pas dire carrément étouffante, et cette petite ville qu'il connaissait par cœur, même s'il y laissait tous ses potes de lycée !
À lui la vie d'étudiant branché décrite dans les livres. Il allait rencontrer plein de nouveaux amis de tous horizons et nationalités, traîner dans tous les bars qu'il avait repérés lors de sa dernière visite dans la capitale et passer des nuits d'enfer à s'amuser et refaire le monde.
Mais la réalisation de ses fantasmes passait par la levée du premier obstacle, à savoir trouver un lieu de résidence à proximité. N'ayant pas la possibilité d'avoir accès à une chambre universitaire, il entreprit ce qu'on pourrait appeler le marathon des visites immobilières, son objectif de trouver un lieu vaste qu'il pourrait éventuellement partager avec un ou une colocataire se transformant rapidement en une équation à la fois simple mais difficile à résoudre : s'il voulait rester dans le quartier, il devrait trouver quelque chose de nettement plus petit qu'imaginé, mais alors bien plus petit, voire minuscule, mais qui coûterait quand même très cher, et qui écornerait de moitié son budget mensuel.
Qu'à cela ne tienne ! Il part pour sa première visite : 15 m^2 sous les toits. La rue est étroite et sombre, les immeubles de chaque côté empêchent le soleil, même l'été, d'y répandre sa lumière et sa chaleur. Qu'en sera-t-il en plein hiver ? Courageusement, il monte les six étages sans ascenseur afin d'y rejoindre l'agent immobilier qui doit l'attendre là-haut. Arrivant un peu essoufflé quand même, il se rend compte avec stupeur qu'il n'est pas seul à avoir gravi toutes ces marches

et qu'une dizaine de personnes, visiblement étudiants comme lui, patiente déjà devant la porte qui s'ouvre enfin.
Réussir à faire entrer tout ce petit monde dans un lieu si exigu est déjà un exploit. Coincé entre deux condisciples, il essaie vainement d'apercevoir un coin de ciel bleu à travers l'unique vasistas noir de crasse situé dans le plafond qui ouvre sur l'extérieur. Les murs suintants d'humidité sont recouverts d'une tapisserie fatiguée dont des lambeaux pendent sinistrement par endroit. Une odeur de moisi émane du coin douche/cuisine, résumé à un pommeau rouillé suspendu au bout d'un tuyau et à deux plaques électriques avoisinant un minuscule évier. Des toilettes ? Dans le couloir ! Ébahi, il contemple ce palais dont le loyer annoncé ne lui laissera pas beaucoup pour d'autres dépenses quand une voix s'élève dans le brouhaha ambiant, haute et forte : « Je le prends tout de suite ».
Dépité, il redescendit en discutant avec les autres prétendants malchanceux et leur conversation se termina dans un endroit nettement plus accueillant. Au moins, il avait fait de nouvelles connaissances !

Questions

1. Trouvera-t-il un appartement tel qu'imaginé initialement ?
2. L'appartement visité est-il très aéré ?
3. Pensez-vous que ce texte corresponde à la réalité du marché ?
4. Y a-t-il quand même un point positif à cette visite ?

Exercice n° 32

A

B

De grands yeux d'or, tout ronds et grand ouverts sur le monde, pleins de tendresse quand ils vous contemplent en quémandant un câlin ou qui vous transpercent, brillants de frustration de ne pas obtenir dans l'instant ce à quoi il aspire, toutes les émotions se lisent dans ce regard unique. Tels deux phares lumineux, ils sont l'ornement d'une tête aux contours arrondis qui lui donne cet air de bonhomie et d'interrogation constante. Les grosses bajoues, pleines et bien développées, contribuent à renforcer cette impression. Deux oreilles bien droites séparées par un front haut, un nez rectiligne, un museau plus étroit que le reste, telle est la description qu'on pourrait faire de la tête du petit félin qui est le chat de race chartreuse.

Cette tête est supportée par un cou épais et court, musclé.

Le corps est en harmonie, lui donnant une allure un peu rondouillarde, surtout quand un ventre imposant témoigne d'un appétit féroce, mais les épaules sont larges, témoins de sa robustesse. Il n'est pas très long mais montre une ossature forte et une musculature imposante.

La queue, brève et épaisse, termine ce corps trapu.

Les pattes sont courtes, solidement posées sur le sol grâce à des pieds larges. Là aussi, une impression de force et de puissance mais tempérée par la souplesse de déplacement caractéristique de cette race.

Le pelage est uniformément gris, avec une fourrure dense et un sous-poil abondant. Petit, il ressemble à une pelote de laine et en a le moelleux et la douceur.

Venu d'Orient, chassé au Moyen-âge par les pelletiers pour la qualité de sa fourrure, il survécut grâce à son intelligence et ses capacités comportementales et d'adaptation. Grand chasseur, il ne laisse que peu de chance à sa proie.

Aujourd'hui chat de salon, il conserve les mêmes compétences. Très indépendant, il ne fait que ce dont il a envie mais garde toujours un œil sur son maître pour qui il a un attachement sans faille et en qui il place une confiance absolue. On ne peut plus câlin, il adore bisous et paroles de gentillesse qu'il écoute en ronronnant comme une chaudière.

Gros mangeur, tout lui convient. Grand amateur de viande fraîche mais aussi de chocolat et autres douceurs, il est à surveiller car incapable de laisser ne serait-ce qu'une miette dans sa gamelle.

C'est un chat en or, comme ses yeux, pour lequel on ne peut qu'avoir un coup de cœur !

Questions

1. Ce chat vous paraît-il robuste ?
2. Peut-il avoir différentes couleurs de fourrure ?
3. Est-il adaptable ?
4. De quelle couleur sont ses yeux ?

Exercice n° 33 ◈

A

B

Il s'agit d'une spacieuse maison de standing, lumineuse, bien exposée, dans une très belle résidence privée composée d'une douzaine d'habitations. Sa situation à cinq minutes à pied du centre du village vous permettra d'aller faire vos courses sans trop de difficulté. La plage est à quinze minutes.
De construction récente, elle dispose de tout le confort moderne : cuisine équipée, télévision, chaque chambre disposant de sanitaires et salle d'eau.
Bâtie sur deux étages, les pièces de réception sont situées au rez-de-chaussée et celles de repos au premier étage. Une chambre dispose d'un lit double, l'autre de deux lits simples. Elles donnent toutes deux sur un balcon avec vue sur la forêt.
Tout est meublé de façon à vous fournir le maximum de confort ; de nombreux rangements sont à votre disposition et une collection de DVD et vidéos également.
La résidence est sécurisée, avec une alarme individuelle et une alarme générale pour l'ensemble du lotissement, qui est ceint d'un haut mur, et clos par un portail dont l'ouverture se fait à l'aide d'une carte magnétique qui vous sera donnée au moment de votre arrivée.
La piscine commune n'est ni sécurisée ni surveillée, mais elle est propre !
L'entretien régulier du parc est assuré par nos soins et de larges chemins desservent les propriétés.
Tout est prévu pour que vous puissiez faire la cuisine vous-même, mais au cas où ça ne vous dirait rien, vous pourrez trouver de quoi vous restaurer au restaurant du village, à deux pas, voire trois. Le patron que nous connaissons bien sera ravi de vous accueillir et vous offrira même l'apéritif, histoire de vous conquérir pour le reste de votre séjour.

Questions

1. Seront-ils seuls, isolés au milieu d'un grand parc ?
2. Le mode de locomotion pour atteindre la plage dans le temps donné est-il précisé ? Pensez-vous donc que ce soit à pied ?
3. A-t-on une description précise de l'aménagement de la maison ?
4. A-t-on une information quelconque sur le coût du séjour ?

Exercice n° 34

A

B

C'est une tour de fer construite dans la capitale française pour l'Exposition universelle de 1889. Elle est située en bord de Seine, mesure 324 mètres de hauteur si on compte les antennes et pèse un poids total de 10 100 tonnes.
Trois étages la composent, le plancher du premier étant à 57,63 mètres, celui du second à 115,73 mètres et le dernier à 276,13 mètres.
C'est un site de première envergure concernant le tourisme puisqu'il est le monument payant le plus visité au monde. Les revenus générés par ses reproductions aussi diverses que variées génèrent des bénéfices sûrement fort intéressants !
Il a attiré également moult sportifs qui y ont établi des records tous plus rocambolesques les uns que les autres.
Les premiers ont commencé par y faire du saut à l'élastique, un autre a sauté avec des rollers !
Les marches aussi ont été source d'inspiration. Comme s'il n'était déjà pas assez difficile de les monter normalement, un certain boulanger landais l'a fait avec des échasses ! Il n'a pas dépassé le premier étage, le pauvre, on le comprend. Un autre les a descendues à vélo ! On ne compte plus les montées et descentes en mode course.
Des équilibristes y ont également évolué sans filet, d'autre l'ont escaladée par – 10 °C (l'exercice, ça réchauffe !).
Mais tout cela ne va pas sans accident, avec 336 morts depuis son inauguration, certains par échec d'exploits sportifs non maîtrisés, d'autres par décision personnelle, et cela malgré les filets de protection mis en place pour éviter ce genre de drame.

Quoi qu'il en soit, les files d'attente sont interminables pendant la période estivale, les mariés viennent de très loin pour s'y faire photographier et sa silhouette incongrue n'a pas fini de fasciner les foules.

Questions

1. Au fait, vous avez sûrement deviné son nom ?
2. Ce monument a-t-il une fonction autre que touristique ?
3. A-t-il des répliques dans le monde ?
4. Ne peut-on y accéder que par des escaliers ?

Exercice n° 35

A

B

Le jeune homme qui marchait sur le trottoir parmi la foule de ce samedi après-midi était haut de taille, mince et se déplaçait d'un pas vif, ses baskets s'écrasant sur le sol, telles les pattes du roi de la jungle.
Le visage ovale ne présentait pas encore de rides, les pommettes hautes faisant ressortir deux yeux étincelants couleur châtaigne. Bronzé par son dernier séjour en montagne, il arborait la physionomie réjouie de quelqu'un allant à un rendez-vous qui le comble d'aise. Ou peut-être en revenait-il ?
Ses cheveux châtains, denses, retombaient en mèches sur un front large et bombé, et rejoignaient le col de son tee-shirt dans le cou. Un long nez droit et pointu, tel le bec de l'aigle, lui donnait un air de famille avec ce rapace. Une bouche mince s'étirait entre deux joues creusées, ombrées d'une barbe naissante. La main aux longs doigts fins qui caressait par intermittence un menton pointu aurait pu appartenir à un pianiste.
Des épaules étroites et un dos légèrement voûté lui donnaient une allure un peu affaissée, le cou tendu vers l'avant, la tête devançant le reste du corps. Avançant ainsi penché, il n'était pas sans rappeler les oiseaux peuplant les films de cow-boys, attendant leur heure, perché sur l'arbre le plus proche de leur proie.
Sa démarche n'aurait pas été reniée par un militaire. Les jambes raides, plutôt courtes pour sa taille, semblaient obéir à un tempo musical régulier, accompagnées des bras dont l'amplitude des mouvements ne manquait pas de surprendre les autres usagers du trottoir qui prenaient garde à ne pas se faire heurter. L'énergie dégagée par sa silhouette et son allure décidée finissaient de lui ouvrir le passage.

Questions

1. À quel animal de la jungle fait-on référence ?
2. Quelle est la couleur de ses yeux ?
3. Marche-t-il à une allure lente ou rapide ?
4. A-t-il une allure souple et décontractée ?

Exercice n° 36

A

B

Son dense pelage noir brillant dans la lumière de cet après-midi d'été, il s'étira de toute sa hauteur qui frôlait les deux mètres, et se redressa avec agilité malgré son corps massif et musculeux de deux cents kilos minimum.

Sa tête, énorme, couverte de poils de couleur identique sauf sur la face, est posée bien droite dans l'axe du dos. Les arcades sourcilières proéminentes surplombent deux yeux couleur charbon et ce regard qui fixe les visiteurs de l'autre côté de la grande vitre a quelque chose d'humain. Ce qui n'est pas étonnant d'ailleurs car ce représentant de la famille des hominidés est l'un des plus proches de l'homme par son génome, partageant 98 % de son ADN avec nous.

Les oreilles, petites par rapport à l'ensemble, sont collées sur les côtés de sa tête, de manière identique à celles des curieux qui le contemplent, fascinés, mais son ouïe est très fine ainsi que son odorat. Son nez aplati montre des formes tarabiscotées qui sont l'équivalent des empreintes digitales.

Après avoir regardé ses « cousins » pendant quelques minutes et n'y trouvant manifestement pas un intérêt passionnant, il se mit en route et se propulsa en haut de la colline, ses phalanges antérieures effleurant à peine le sol, l'effort de l'impulsion portant sur ses membres postérieurs. Ce mode de locomotion le différencie des autres singes et donne une allure particulière à sa démarche, comme s'il glissait. À l'état sauvage, il ne fait guère plus de deux kilomètres par jour, et essentiellement pour trouver sa nourriture, le reste de ses activités quotidiennes étant les repas, la sieste et les liens sociaux, même s'il n'utilise ni *Twitter* ni *Facebook*. Ici, en captivité, il bénéficie pour lui, sa famille et quatre autres de ses congénères, d'un vaste parc dont il n'utilise en ce jour d'été que les parties ombragées, le bronzage n'étant pas sa priorité. De nombreux aménagements occupent l'espace, reproduisant le plus fidèlement possible les réalités de sa forêt d'origine. Il n'est pas un grand sportif et les voltiges sont réservées aux petits, le sien faisant le fou d'ailleurs tout là-haut avec sa mère. Il les rejoint, n'oubliant pas d'emporter les vestiges de son goûter, à savoir une immense tige de maïs (c'est un grand frugivore), peut-être pour sermonner son rejeton qui se calme à son arrivée.

Quand l'hiver viendra et que les frimas l'empêcheront de sortir, il bénéficiera d'un lieu d'habitation aux aménagements similaires mais à l'abri du froid, presque aussi grand que l'extérieur, avec de grandes baies permettant le passage de la lumière.
Ce plus grand des singes ne mérite pas la réputation de méchant que lui a fait le cinéma. Il est au contraire très pacifique et ne montre de l'agressivité que pour se défendre de son principal prédateur, l'homme. Ce spécimen a échappé à la mort en trouvant refuge dans ce parc où depuis trente ans maintenant, il peut vivre en toute quiétude et où six naissances ont eu lieu. Cela ne sera cependant pas suffisant pour sauver les gorilles de l'extinction de leur race qui est en grand danger.

Questions

1. Quel est son mode alimentaire ?
2. Sa réputation correspond-elle à la réalité ?
3. Quel est son milieu de vie naturel ?
4. Est-il menacé d'extinction ?

Exercice n° 37 ◈

A

B

Le matin, une brume côtière noyait les contours du paysage dans un halo blanc. Mauvaise matinée pour la plage ! Mais le léger vent d'Ouest eut vite fait de disperser les nuages et, à midi, le soleil resplendissait dans un ciel d'un bleu intense. Elle quitta sa demeure dont les volets clos maintiendraient une fraîcheur agréable pour la soirée et, sac en bandoulière, se dirigea vers l'océan.

Parvenue à la sortie de la ville, elle emprunta un chemin qui serpentait parmi les pins, montant régulièrement à l'assaut des dunes et dont deux ornières semblaient délimiter un trajet ascendant et un descendant.

Quelques plantes rabougries parsemaient le sentier, les tiges couvertes d'épines s'étalant en travers du passage, obligeant le piéton à surveiller ses pas.

Le sommet se profila et au bruit que faisait l'océan, on le devinait agité d'un puissant ressac. Le sable devenait plus dur sous les pieds à l'approche de l'eau et des mouettes passaient en rase-motte, lâchant leur cri strident.

La plage apparut, pente abrupte s'adoucissant à l'approche de l'eau. Des lignes d'écume blanche étaient visibles, parallèles, témoins du sens et de la forme des vagues à venir, sur lesquelles des surfeurs plus ou moins émérites essayaient de se tenir debout. Le vacarme assourdissant de la houle n'était pas sans rappeler des armes de guerre et les vagues s'écrasaient au pied des baigneurs étourdis par tant de fureur.

La marée avait laissé derrière elle des flaques d'eau salée dans lesquelles barbotaient quelques minuscules bestioles marines promises à une fin imminente du fait de l'évaporation rapide.

Ce spectacle grandiose, elle ne s'en lassait pas, et chaque jour la voyait arriver, munie de son attirail de plage, pour profiter de cette mince étendue de sable, coincée entre dune et vagues.

Questions

1. Le paysage est-il reposant ?
2. Après avoir franchi quelle forme de relief aperçoit-on la mer ?
3. La plage est-elle large, même à marée basse ?
4. Quelle activité aquatique est pratiquée ?

Exercice n° 38

A

B

Assise à la terrasse du café en train de siroter le breuvage du même nom, elle regardait, en cette chaude matinée du mois de juin, la foule du marché qui s'agitait dans tous les sens et dans laquelle elle allait devoir bientôt plonger si elle voulait faire ses courses pour la semaine.

La disposition des étals suivait la topographie de la place, à savoir un carré parfait dont un côté restait dévolu à la bouche du métro.

De nombreuses catégories d'aliments étaient proposées aux clients, avec une grosse majorité de fruits et légumes. Les trois couleurs des poivrons se mariaient avec le vert de la salade et le blanc et rouge des radis. Les haricots verts s'étalaient dans un large bac et débordaient sur les courgettes. Des montagnes de melons menaçaient de s'écrouler sur leur voisinage de pamplemousses et d'oranges. Les fruits les plus fragiles étaient relégués en bout de banc, bien rangés dans les alvéoles de petites cagettes qui leur servaient de présentoir, le rose sombre des pêches égayé par l'orange lumineux des abricots.

Le marchand de fleurs, coincé entre celui de poisson et le fromager, avait du mal à vanter le parfum des roses, mais cela ne semblait pas rebuter les clients agglutinés devant son stand.

Le plus difficile, en fait, était la circulation dans les travées, à cause de la multitude d'engins à roues qui s'y trouvait. Depuis la très grande poussette où trônait bébé jusqu'aux caddies traînés par toutes les générations de ménagères confondues en passant par les enfants perchés sur leurs trottinettes, sans parler du sportif tenant son vélo d'une main, le pauvre piéton à qui l'usage de ses jambes paraissait le mieux adapté à cette situation avait beaucoup de mal à sauvegarder l'intégrité de ses pieds !

Les excuses fusaient, les grognements aussi car, comme il fallait forcément garer ces véhicules en attendant d'être servi, le passage dans les allées était restreint d'autant. Mais tout cela restait bon enfant, faire son marché restant une occupation conviviale et joyeuse !

Questions

1. Que boit-elle ?
2. Les quatre côtés de la place sont-ils occupés par les marchands ?
3. Est-ce un marché bien achalandé ?
4. Pensez-vous qu'il soit bien judicieux d'y venir ainsi équipé ?

Exercice n° 39

A

B

La sonnerie de huit heures avait déjà retenti pour la deuxième fois, signe qu'il fallait se diriger sans plus attendre à l'entrée de la salle du premier cours de la journée, celui de français ; même si la professeure était plutôt sympathique et compréhensive, il ne fallait pas trop abuser de sa gentillesse, surtout que l'examen de fin d'année mettait la pression sur tout le monde, le programme devant être étudié dans son intégralité si l'on voulait avoir une chance de réussite.
Manon se retournait fréquemment, espérant toujours voir arriver sa copine Léa, mais la porte de la classe se referma sans que cette dernière n'apparaisse.
Au moment de l'appel, l'enseignante manifesta son étonnement de la voir encore en retard ou absente, comme cela se produisait de plus en plus fréquemment.
Mais un coup timide frappé à la porte annonça son arrivée et elle apparut, le nez chaussé de lunettes de soleil en cette journée de pluie, habillée d'un vieux jean tout tâché dont la déchirure au genou ne devait rien à la mode du moment. Bizarre ! Était-elle tombée ? Elle si coquette auparavant et si soigneuse de sa personne avait ses longs cheveux graisseux de ne pas avoir été lavés depuis deux semaines au moins, encadrant lamentablement un visage très pâle qui ne devait rien à la saison automnale. Personne n'osa dire quoi que ce soit et elle s'assit discrètement à sa place. Au bout d'un quart d'heure, elle s'affaissa sans bruit sur son bureau et s'endormit doucement.
Manon sentit les larmes lui monter aux yeux car cet événement s'inscrivait dans une longue liste de changements qu'elle avait constatés chez sa meilleure amie depuis six mois. Outre une remarquable perte d'énergie, son humeur était devenue imprévisible et, souvent, elle réagissait de manière agressive à la remarque la plus anodine. Ses centres d'intérêt n'étaient plus les mêmes et elle manifestait une profonde indifférence à ce qui constituait leur vie adolescente il y a encore six mois. Le lycée, elle n'y faisait acte de présence que parce que sa mère la posait devant le portail et attendait de la voir disparaitre dans l'établissement avant de repartir. Autrefois bonne élève, elle accumulait les résultats désastreux sans que cela ait l'air de la déranger le moins du monde, ni même de l'atteindre.

Elle semblait vivre dans un autre univers dont Manon se sentait totalement exclue et qui lui faisait peur, et elle se demandait avec angoisse si la consommation de drogue n'était pas à l'origine de tous ces bouleversements. Mais elle n'osait en parler à personne et subissait, désespérée, la perte de cette amitié[1].

Questions

1. Depuis combien de temps développe-t-elle ces symptômes ?
2. Que ressent Manon devant l'attitude de son amie ?
3. À votre avis, devrait-elle en parler à quelqu'un ?
4. Ce texte peut-il servir de référence pour un diagnostic ?

1. Les événements décrits sont de la pure fiction et les manifestations dépeintes n'ont strictement aucune valeur diagnostique. N'essayez pas de les appliquer à un membre de votre entourage !

Exercice n° 40 ◈

A B

À voir l'air maussade affiché par les quelques membres de l'équipe réunis autour de la machine à café en ce dernier lundi matin du mois d'août, on pouvait penser que la fin des vacances ou plutôt ce premier jour de reprise du travail n'était pas un moment particulièrement joyeux. Cependant, les vacances s'étaient, à en croire les commentaires très brefs qui en avaient été faits, bien passées pour tout le monde et avait permis à tout un chacun de décompresser ; le plein d'énergie avait été fait, le retour au travail n'était pas vécu comme une punition mais c'était à celui qui traînait le plus les pieds, qui se plaignait le plus ou qui râlait le plus fort.
Le fait que le frigo ait été débranché avant l'été pour des raisons évidentes de sécurité et d'hygiène déclencha les premiers commentaires acerbes de celui qui, muni de sa petite salade prévue pour le déjeuner, ne pouvait la conserver au frais. Et tout s'enchaîna. Les vacances sous les tropiques passées enfermées dans la maison pour cause de pluie incessante (à cette époque de l'année, c'était pourtant à prévoir) pour l'un, les travaux herculéens entrepris dans sa maison pour un autre et dont une gastroentérite avait magistralement terminé le chantier la veille, les kilos accumulés par une troisième lors de son séjour à l'étranger pour cause de repas obligés, frustrée de ne pas avoir pu visiter davantage le pays. Bref, les vacances idylliques ne l'avaient pas été tant que ça, et toute cette déception se cristallisa immédiatement sur la personne de la directrice qui arriva avec une demi-heure de retard, donc, en avance pour elle, et dont le bronzage éclatant et la mine détendue contrastaient avec le visage pâlot de ses employés.
Déjà, elle avait tort alors que l'année de travail n'avait même pas encore commencé, les enfants étant pour l'instant encore en congés.

Questions

1. Quelle est l'ambiance de cette rentrée ?
2. La reprise du travail en est-elle la cause ?
3. La réalité des vacances correspond-elle aux récits qui en sont faits ?
4. Pensez-vous qu'une telle description soit réaliste ?

Exercice n° 41 ◈

Assises toutes les quatre autour de la table ronde du bureau de la Direction, les trois rééducatrices et la mère du jeune concerné par cette réunion de présentation de projet de début d'année attendaient les retardataires. D'abord, la Directrice qui entrait et sortait en coup de vent, le téléphone portable vissé à l'oreille, puis l'éducateur référent dont tout le monde ignorait pourquoi et où il avait disparu, étant donné que c'était lui qui avait choisi ces date et heure et que ses collègues avaient fait l'effort d'y être au moment opportun.

Du fait des progrès constatés depuis un an chez cet enfant et son intégration très positive dans le milieu scolaire ordinaire, l'ambiance était très détendue, mais au bout d'un quart d'heure de papotage mondain, la maman commença à s'inquiéter de l'horaire car il fallait qu'elle rejoigne son lieu de travail pour 15 h.

La Directrice s'assit enfin, ce qui reposa tous les présents, et l'éducateur fit au même moment une entrée remarquée, essoufflé, les cheveux en bataille et un tantinet débraillé. En s'asseyant, il avoua ingénument avoir totalement oublié qu'il y avait cette réunion et que sans l'appel de la secrétaire, il serait encore au jardin, lieu de travail d'une partie des patients. Sous le regard courroucé de la Directrice et celui amusé des autres participantes, il eut la bonne grâce de rougir en nous avertissant que c'était la « première de l'année », ce qui signifiait qu'il n'était pas guéri de son étourderie légendaire. D'ailleurs, il avait complètement oublié d'imprimer les papiers à faire signer en fin de séance, alors qu'ils lui servaient de trame à la présentation du projet dont il était le responsable et le présentateur. Une bonne âme lui en ayant discrètement glissé un exemplaire, il commença ce qui fut sûrement une des plus laborieuses lectures de documents jamais entendue au sein de ce service et tout le monde poussa un soupir de soulagement quand, enfin, il termina après avoir gratifié l'assistance de moult répétitions et redondances diverses, à tel point que plus personne ne savait très bien où l'on en était. Quand enfin il se tut, on aborda les vrais problèmes et on ne l'entendit plus.

Mais l'anecdote fit le tour du service et, désormais, quand une rencontre avec les parents était programmée, on était prié de se rendre au jardin !

Questions

1. Son étourderie a-t-elle eu une incidence quelconque sur le déroulement de la réunion ?
2. La Direction a-t-elle apprécié son attitude ?
3. Est-ce la première fois qu'il se rend coupable d'un oubli ?
4. Trouvez-vous son comportement plutôt amusant ou est-ce un manque de sérieux de sa part ?

Exercice n° 42

A B

Vite, elle était en retard pour récupérer sa fille à l'école maternelle ; elle ne pouvait guère se permettre de la faire attendre car elle était trop petite pour comprendre le pourquoi du comment de son absence. En faisant deux fois le tour du pâté de maisons, elle réussit à se garer à 500 mètres du groupe scolaire. Elle sortit comme une furie de sa voiture sans rien voir autour d'elle et piqua un sprint jusqu'au portail de l'entrée en faisant claquer ses talons sur le sol, son sac se balançant sur ses épaules au rythme de sa course effrénée. Elle arriva, en nage, les cheveux en bataille, le cœur battant et les mollets douloureux car courir avec des talons de six centimètres n'était pas son sport préféré ! Dans la salle de repos, sa petite poupée jouait tranquillement avec un copain et les gazouillis échangés ressemblaient fort à une conversation dont les codes n'étaient connus que d'eux. Ouf ! Elle la contempla avec tendresse et tout son stress s'envola.
Elle retournait tranquillement vers sa voiture quand la vision d'un képi devant sa voiture lui fit accélérer le pas. Pas d'erreur, une dame en bleu était en train d'écrire un billet qui ne serait sûrement pas doux avant de le déposer sur le pare-brise. Toute l'adrénaline revint d'un coup et elle accourut, sa fille dans les bras, pour tenter d'infléchir la décision de la gendarme qui, sourde à ses protestations et justifications, lui fit remarquer que l'on était dans une zone de stationnement payant.
Le montant inscrit sur le papier l'amena au bord des larmes, tant l'injustice de ce coup du sort lui semblait évidente.

Questions

1. Quel est l'état émotionnel de la mère ?
2. Quelle en est la cause ?
3. Quelle conséquence cela a-t-il sur son comportement ?
4. À votre avis, la gendarme aurait-elle pu faire preuve de compassion ?

Exercice n° 43

Assis sur le trottoir, le jeune garçon aux short rouge et maillot jaune, le visage crispé, essayait de ne pas pleurer. Il venait d'être victime d'un croche-patte de la part d'un grand adolescent qui jouait dans l'équipe adverse, au cours de la rencontre informelle de foot qui avait lieu en ce samedi matin, au milieu du lotissement où ils habitaient tous deux depuis six mois.
Son genou bien endommagé saignait abondamment et de minuscules graviers s'étaient incrustés dans la chair. Le spectacle plus que la douleur lui fit monter les larmes aux yeux. Les pleurs ne tardèrent pas à dévaler ses joues rebondies pour terminer leur course sur le col de son tee-shirt. Ses cheveux trempés de sueur ajoutaient une note supplémentaire à ce tableau mouillé, ses sanglots contribuant au fond sonore.
La colère s'ajoutait à son chagrin et toutes ces émotions se lisaient sur son visage. Heureusement, l'auteur du mauvais geste eut visiblement des regrets et se précipita vers lui en lui tendant la main pour l'aider à se relever, lui assurant que c'était involontairement qu'il l'avait taclé par-derrière, ce dont l'autre doutait fortement ; mais il accepta ce geste de bonne volonté et partit en boitillant se faire soigner à la maison, en espérant ne pas avoir à subir les remontrances de sa mère, soit pour l'état lamentable dans lequel il rentrait, soit de s'être laissé embêté par un plus grand. À moins que, comble de l'horreur, elle ne décide d'aller faire justice elle-même !

Questions

1. Pensez-vous que le croche-patte soit un geste autorisé au foot ?
2. Quelles sont les émotions ressenties par la victime ?
3. A-t-il des reproches à craindre de la part de sa mère ?
4. Laisse-t-il transparaître ses émotions sur son visage ?

Exercice n° 44 ◈

A

B

Après trois jours d'un soleil de plomb se répercutant à la surface de l'océan, où l'humidité ambiante avait atteint un degré tel que le moindre mouvement rendait ruisselant de sueur, le ciel se couvrit d'énormes nuages chargés de pluie, arrivant de l'est, poussés par un vent violent de 210 km/h avec parfois des pointes à 300 km/h.

Aux informations télévisées, les consignes avaient été impératives. Surtout, rester chez soi en fermant toutes les ouvertures, un phénomène météorologique puissant et dévastateur allant se produire. En cette période de pic de vacances estivales, cela signifiait que des centaines de touristes restaient cloîtrés dans leurs chambres au lieu de profiter des joies de la plage, à regarder les arbustes être déracinés, et les gros arbres se plier ou casser sous les assauts violents du vent. Les toits de tôle s'envolaient dans les airs, tels des avions, les ouvertures souffraient en tremblant et parfois cédaient à la furie à laquelle elles étaient soumises. Dans le camping, une vision d'apocalypse s'étalait devant les yeux navrés des occupants qui voyaient leurs biens détruits les uns après les autres, amas indescriptible de bois, de métal, de plastique et de tissu dont plus rien n'était identifiable.

La houle se déversa dans les terrains en contrebas, causant des dégâts irréversibles sur les cultures jusqu'à dix kilomètres à l'intérieur des terres, où des centaines de têtes de bétail ne purent être mises à l'abri à temps.

Ce mélange de pluie violente, de vents puissants et de marée haute constitue un phénomène dangereux appelé ouragan auquel il est préférable de se soustraire sous peine de se voir mis en situation délicate, voire désastreuse.

Questions

1. Où le phénomène se passe-t-il ?
2. Est-il destructeur ?
3. Les consignes de sécurité sont-elles claires ?
4. Pensez-vous que ce phénomène se produise souvent et partout ?

Exercice n° 45

Quand retentirent vers deux heures du matin des cris effrayants qui semblaient venir de l'appartement situé au dernier étage de l'immeuble sis 56, cour du Crime, les voisins se réveillèrent en sursaut, sautèrent sur leurs divers téléphones, fixes et portables, afin de prévenir la police. Sans les attendre, ils se précipitèrent devant la porte du domicile de M. et Mme Victimes, d'où s'échappaient d'horribles gémissements. La serrure fracturée pendait misérablement et la porte laissée entrouverte était bien trop tentante pour qu'ils puissent résister à l'envie d'entrer sous le prétexte bien moral de porter les premiers secours si nécessaire. Le spectacle qui les attendait dépassait en horreur tout ce qu'ils avaient pu imaginer et ressemblait plus à la dernière série policière américaine en vogue qu'à leur quotidien douillet. Les fauteuils et canapé du salon déversaient de la mousse sur le tapis où se côtoyaient des débris de vaisselle parmi lesquels on pouvait reconnaître les verres de lunettes des occupants du domicile. Le contenu des tiroirs qui avaient tous été ouverts gisait par terre, éparpillé aux quatre coins de la pièce ; on ne voyait personne.
Continuant leur exploration, ils se dirigèrent, groupés (ça commençait d'ailleurs à faire beaucoup de monde vu l'étroitesse du corridor), vers la chambre du fond dont la porte entrebâillée les attirait comme un aimant et là, faillirent s'évanouir de terreur. Tétanisés par le spectacle, certains restaient bouche bée sur le seuil, mais un voisin plus téméraire s'avança. Un pied dépassait de sous le lit, décharné et marqué de brûlures de cigarette. Au vu du vernis rouge dont les ongles étaient couverts, ils en déduisirent brillamment que c'était l'épouse. Mais où était le mari ? Pendu derrière le double rideau qui obturait la fenêtre par l'embrasse qui le retenait en temps normal, les pointes de pied touchant à peine le sol, ce qui lui avait quand même probablement sauvé la vie, il émettait des bruits sourds qui pouvaient passer pour des appels au secours, en tout cas interprétés comme tels par l'assemblée, vu sa situation pour le moins inconfortable. Aucune blessure gravissime apparente ne venait noircir le tableau, même si le lien serré autour du cou lui comprimant le larynx ne pouvait laisser planer le doute sur la violence

de l'agression. Les spectateurs en eurent les yeux aussi exorbités que lui, et seul le retentissement de la sirène des policiers et des pompiers quatre étages plus bas les empêchèrent d'intervenir ; c'est avec désolation pour certains et soulagement pour d'autres qu'ils durent laisser la place aux professionnels du sauvetage.

Questions

1. Quelles sont les premières personnes arrivées sur les lieux ?
2. Quel événement est décrit ?
3. Les enquêteurs seront-ils satisfaits du comportement des voisins ?
4. Pensez-vous que la dame soit en mesure de sortir de sous le lit sans l'intervention d'un tiers ?

Exercice n° 46

Consigne

Concernant cet exercice, les données seront différentes.

Dans un premier temps, vous aurez à lire et à comprendre des données linguistiques sous forme de phrases courtes. Après les avoir mémorisées, vous devrez trouver dans lequel des deux textes suivants vous retrouvez l'intégralité de ces données.

Phrases

- À midi, il y a un grand barbecue sur la terrasse.
- Les parents ont invité de nombreux amis pour l'anniversaire du père.
- La météo est très optimiste.
- La mère prépare des salades variées pendant que son mari s'active devant le barbecue avec diverses brochettes et grillades.
- La fille aînée casse un verre en voulant aider sa mère à mettre le couvert, déconcertée par le comportement du barbecue.
- Elle se coupe le doigt, met du sang un peu partout sur la vaisselle qu'il faut entièrement relaver.
- Elle est envoyée dans sa chambre après avoir été priée de passer par la salle de bains pour y désinfecter ses coupures et y mettre un pansement.

Texte 1

Conformément aux nouvelles prévisionnelles du bulletin météo de la veille, la journée s'annonce fort belle et toute la famille se lance avec frénésie dans les préparatifs du barbecue géant organisé ce midi en l'honneur du chef de famille dont c'est aujourd'hui l'anniversaire. Ce dernier s'active déjà devant le barbecue, à tenter de faire prendre le charbon de bois qui se montre visiblement récalcitrant à en juger les jurons proférés, certes à voix basse, par le chef de famille. Appelé en renfort par son épouse qui se démène en cuisine, coupant et épluchant des montagnes de légumes qu'elle répartit ensuite dans des récipients de formes et capacités différentes pour confectionner des salades, il quitte momentanément son poste. Leur fille aînée fait des allers-retours cuisine/terrasse pour assurer le transport de la vaisselle. Elle voit soudain une grande flamme s'élever du lit de braise et, de peur, laisse tomber un verre par terre dont elle s'empresse de ramasser les morceaux en se coupant la pulpe de l'index dans sa précipitation. Devant l'ampleur de l'hémorragie, elle s'enveloppe le bout du doigt d'une serviette en papier en espérant que cela passe inaperçu et continue sa besogne, mais en répandant sans s'en rendre compte du sang sur tous les objets qu'elle manipule. Lorsque sa mère s'en aperçoit, elle la prie d'aller se soigner dans la salle de bain en désinfectant la plaie et en mettant un pansement adapté puis de se reposer dans sa chambre, elle se débrouillera très bien sans elle.

Texte 2

Conformément aux nouvelles prévisions du bulletin météo de la veille, la journée s'annonce fort belle et toute la famille se lance avec frénésie dans les préparatifs

du barbecue géant organisé ce midi en l'honneur du chef de famille dont c'est aujourd'hui l'anniversaire. Ce dernier s'active déjà devant le barbecue, tentant de faire prendre le charbon de bois qui se montre visiblement récalcitrant à en juger les jurons proférés, certes à voix basse, par le chef de famille.
Appelé en renfort par son épouse qui se démène dans la cuisine, coupant et épluchant des montagnes de légumes qu'elle répartit ensuite dans des récipients de forme et capacité différentes pour en faire des salades, il quitte momentanément son poste.
Leur fille aînée fait des allers-retours cuisine/terrasse pour assurer le transport de la vaisselle.
Elle voit soudain son petit frère s'approcher dangereusement du barbecue et tenter d'y verser son verre d'orangeade sur les braises qui commencent à peine à rougeoyer. Se précipitant vers lui pour éviter un drame, elle laisse tomber un verre par terre dont elle s'empresse de ramasser les morceaux en se coupant la pulpe de l'index en voulant faire vite. Devant l'ampleur de l'hémorragie, elle s'enveloppe le bout du doigt d'une serviette en papier en espérant que cela passe inaperçu et continue sa besogne après avoir éloigné le danger mais en répandant sans s'en rendre compte du sang sur tous les objets qu'elle manipule. Lorsque sa mère s'en aperçoit, elle la prie d'aller se soigner dans la salle de bain en désinfectant la plaie et en mettant un pansement adapté, puis de se reposer dans sa chambre, elle se débrouillera très bien sans elle.

Exercice n° 47 ◈

A

B

Dans ce magasin de taille modeste mais dont l'ambiance chaleureuse met tout de suite le client à l'aise, seulement deux personnes travaillent. Il faut préciser que la superficie restreinte des lieux ne permettrait pas d'en employer davantage car, lorsque le nombre de clients dépasse quatre, on ne peut déjà plus bouger. La décoration tout en bois, peint de couleur claire, essaie de donner une illusion d'espace mais, entre la cabine d'essayage pourtant extrêmement exiguë, et les quelques présentoirs où s'accrochent les diverses collections de bijoux fantaisie créés par la maîtresse des lieux, il est difficile de se mouvoir sans heurter, ici le bac à foulards, là la pile de boîtes à chaussures ou encore plus loin, les chapeaux suspendus à leurs patères. Les chapeaux, c'est une de ses spécialités, avec les bijoux, et comme pour ces derniers, les couleurs vives dominent. Les formes les plus tarabiscotées y sont représentées ainsi qu'une grande variété de matières utilisées comme support créatif. Un grand miroir fixé au mur permet à une clientèle essentiellement féminine de s'admirer, non pas de pied en cape, mais seulement de buste, et encore faut-il que les plus grandes plient les genoux pour éviter de ne s'admirer que l'estomac et que les plus petites se haussent sur la pointe des pieds pour apercevoir autre chose que le haut de leur crâne. La patronne est à l'image de la boutique, une petite personne vive et bavarde, très souriante et avenante, donnant des conseils avisés sans obliger qui que ce soit à acheter quoi que ce soit. Sa vendeuse est son contraire, discrète et parlant peu, mais tout aussi performante dans l'art de la vente, sachant persuader sans en avoir l'air l'acheteuse potentielle la plus indécise ou récalcitrante. Cette boutique est un vrai petit bijou en elle-même où l'on vous sert un petit café quand vous y êtes connu et d'où vous ressortez toujours avec des emplettes de bon goût.

Questions

1. Combien de personnes au maximum peuvent tenir dans le magasin ?
2. Qu'y vend-on ?
3. Les deux vendeuses sont-elles semblables ?
4. Pensez-vous qu'on y passe des moments agréables ?

Exercice n° 48

A B

Merci d'avoir été avec nous ce soir pour suivre en direct ce match qui nous donne un nouveau leader du championnat à la fin de cette quinzième journée.
Le résultat de 4 buts à 0 dénote un certain déséquilibre des forces en présence, même si le premier quart d'heure ne laissait pas forcément prévoir une victoire aussi large de la part des visiteurs.
Les équipes se sont présentées avec leur effectif habituel, les infirmeries respectives étant vides pour l'instant, dans un système de jeu qu'elles maîtrisent parfaitement l'une et l'autre. Donc aucun élément d'avant-match ne peut avoir influencé le déroulement de la partie. L'ambiance était chaleureuse, dix mille spectateurs s'étant déplacés pour suivre l'événement dans une ambiance conviviale, la douceur de cette soirée automnale favorisant sûrement la bonne humeur.
L'arbitre a été à la hauteur, les cartons jaunes mérités et pas contestés d'ailleurs, il s'agissait plutôt d'implications physiques dans un temps de jeu restant sans danger pour les joueurs et sans volonté de nuire à autrui.
La pelouse n'était pas dans un état exceptionnel du fait des pluies de la semaine dernière, mais sans pour autant menacer l'intégrité physique des acteurs sur le terrain.
Le premier but, à la vingt-quatrième minute, du jeune attaquant visiteur qui prit de vitesse deux défenseurs successivement avant de battre le gardien sur sa gauche d'une frappe tendue dans l'axe aux vingt mètres, sembla un peu décourager les promus, qui, malgré tous leurs efforts, semblaient un peu dépassés par la vitesse de leurs adversaires, plus habitués qu'eux à des confrontations européennes de très haut niveau.
Vingt minutes plus tard, leur lenteur de réaction leur valut d'encaisser un deuxième but suite à un coup franc très vite joué qui permit de tromper une nouvelle fois le gardien d'une frappe cette fois à ras de terre. Les deux buts de la deuxième mi-temps ressemblèrent aux précédents puisqu'à chaque fois, la défense fut en retard et le gardien ne put rien faire, les cages étant quand même un peu vastes pour un seul homme.

L'axe de travail de l'entraîneur nous semble tout trouvé pour les prochaines semaines : que la défense se rende plus mobile pour qu'on ne puisse plus la prendre en défaut à chaque accélération.

Questions

1. Les deux équipes sont-elles de niveau similaire ?
2. Quelle est la carence principale de l'équipe vaincue ?
3. Y avait-il une bonne ambiance ?
4. L'arbitre a-t-il été à la hauteur ?

Exercice n° 49

A

B

Pour un sportif de ce niveau, il ne faisait pas de bruit ; mais il provoqua une clameur d'enthousiasme chez les 40 000 spectateurs présents dans le stade quand il quitta la pelouse à la 85e minute du match, victime de crampes qui le clouaient au sol.

Au cours de cette rencontre où la défense adverse restait regroupée devant la cage de son gardien pour en préserver l'inviolabilité et alors que ses coéquipiers restaient dans l'incapacité à trouver une solution à ce problème pourtant récurrent dans ce genre de rencontres, il fut le seul à créer du lien avec ses partenaires pour chercher une faille dans le bloc adverse. Son incessante activité et son inspiration permanente amenèrent le danger devant les buts des visiteurs et il fut le seul acteur de la soirée à établir le lien entre la défense et l'attaque, ce qui évita à son équipe de se retrouver scindée en deux. Il dégage une telle énergie qu'il a plus un rôle de meneur que son capitaine dont la valeur marchande et le salaire doivent certainement être nettement supérieurs. Il a touché 115 ballons dans la partie, ce qui montre l'intensité de son activité, et c'est grâce à sa vision du jeu et à la qualité de son geste technique qu'il a pu délivrer une passe décisive à son coéquipier qui s'empressa de marquer le seul but de la rencontre mais dont la valeur est inestimable dans la mesure où la victoire était impérative ce soir-là, mais aussi parce que cela n'était pas arrivé depuis trois matchs et que cela fait toujours mauvaise impression vis-à-vis des supporters de perdre à domicile.

Ses partenaires ne tarissaient d'ailleurs pas d'éloges à l'issue de la rencontre, vantant sa capacité à toujours proposer une solution, à faire jouer les autres et, par son jeu précis, à les rendre performants alors que, malgré son petit gabarit, il était difficile pour l'adversaire de l'attraper. Le fait d'avoir travaillé à l'étranger

lui a donné cette hargne qui en fait aujourd'hui un leader, rameutant ses troupes sur le terrain, et dont la parole est importante dans le vestiaire dans sa dimension fédératrice.
En fait, c'est la meilleure recrue du président en cette année d'économie car son arrivée n'a pas coûté un sou au club. Espérons qu'il ne se blesse pas !

Questions

1. Ce joueur mesure-t-il plus d'un mètre quatre-vingt ?
2. Fait-il l'unanimité dans le vestiaire ?
3. A-t-il coûté cher à son club ?
4. A-t-il un jeu trop personnel ?

Exercice n° 50

A

B

La place grouillait de monde en ce samedi après-midi malgré le temps humide et la température basse. Les vacances scolaires étaient là et ceux qui n'étaient pas partis s'étaient, semble-t-il, donné rendez-vous, pour les premiers achats de Noël qui dans deux mois serait là, et pourquoi pas, s'offrir un petit repas au restaurant ou une soirée avec des amis. Les lieux de tentation ne manquaient pas, il suffisait de faire son choix.

La rue étroite des antiquaires qui s'élançait de la place vers le nord de la ville était très encombrée comme d'habitude. Mais qu'un quidam détourne la circulation vers l'ouest au premier croisement, voilà qui était moins habituel. Avec force gestes, il invitait les automobilistes à tourner à droite, ce qu'avec un peu de bon sens vu la taille de l'embouteillage, ils faisaient immédiatement, non sans se tordre le cou pour savoir ce qui pouvait susciter un tel événement. Les piétons s'immobilisaient sur le trottoir. Un accident ? Une manifestation ? En tout cas, un fait divers ! Des impatients commençaient à klaxonner avec énergie, essayant de passer en force en montant sur le trottoir, au grand dam des piétons qui, à leur tour, rouspétaient avec véhémence. Au milieu de tout ce tohu-bohu retentit un grand bruit, comme un coup porté avec force sur une carrosserie. Un cambriolage ? Une attaque à main armée d'un transporteur de fonds ?

Mais que fait la police ? Où est-elle d'abord ? C'est bizarre quand même !

Au milieu de la rue, armé d'une barre de fer et le visage congestionné par la contrariété, un artisan s'essayait en vain à vandaliser sa propre voiture de service, immobilisée dans cette rue à voie unique et bloquant donc la circulation. Le moteur tournait, toutes les vitres étaient fermées, mais les portières aussi, hélas, ce qui valait tout ce tintamarre. Les clés étaient sur le tableau de bord, la voiture ronronnait gentiment, et son propriétaire était condamné à casser soit une vitre, soit une serrure pour pouvoir entrer dans son véhicule ! Il avait en effet oublié pendant un cours instant que le verrouillage automatique des portières s'activait dès l'instant où l'on désertait le véhicule en claquant les portières, tout en laissant tourner le moteur. Le temps d'aller récupérer un dossier dans le magasin où il venait de terminer des travaux et voilà qu'il se retrouvait dans l'impossibilité de monter dans sa voiture, en pleine ville. Furieux, il tapait avec sa barre de fer, d'une manière assez inefficace d'ailleurs, à se demander comment font les voleurs.

Questions

1. En quelle saison se passe la scène ?
2. La police est-elle présente ?
3. L'aventure est-elle du goût du propriétaire du véhicule en cause ?
4. Pensez-vous que quelqu'un aurait pu l'aider ?

Exercice n° 51

A B

Munie de son petit sac en plastique bleu que la réceptionniste lui avait obligeamment fourni quand elle s'était présentée à l'accueil et où l'on pouvait voir son programme pour les trois jours de remise en forme auxquels elle avait souscrit, elle se dirigea vers la grande piscine à remous pour ensuite longer le couloir qui devait la mener aux vestiaires. Comme on le lui avait expliqué, elle y fut accueillie par un monsieur volubile et sympathique qui, en deux secondes, lui remit un portant contenant peignoir et serviette avec un numéro de cabine, lui indiqua que comme elle avait vingt minutes d'avance elle pouvait en profiter pour faire une petite baignade, et qu'ensuite, elle devrait prendre l'ascenseur pour se diriger à l'étage supérieur afin de suivre le programme de détente et bien-être prévu. Le temps de dire « merci », il s'adressait déjà à la personne suivante. Elle respecta le protocole et se retrouva dans la piscine bien peuplée, mais trouva un coin tranquille et se laissa masser par les jets qui semblaient sortir de toutes les parois. À l'heure prévue, elle se dirigea vers l'étage. Après avoir suivi les flèches qui indiquaient le chemin, elle arriva devant une banque où officiait celui qui, visiblement, était le chef et organisait toutes les prises en charge. Déambulait une foule unanimement vêtue d'un peignoir blanc, les pieds dans des sandales de bain de toutes couleurs, dont l'âge était variable. Les membres du personnel, tout de blanc habillés eux aussi, s'affairaient en suivant les ordres de l'organisateur. Elle reconnut son nom qui était bien inscrit dans les bonnes cases, les soins étaient bien ceux programmés. Pas de temps à perdre. Elle suivit une jeune fille dans un couloir humide où des bruits d'eau résonnaient sur les murs empreints d'humidité. Elle dut se déshabiller, chose qu'elle refit tout au long de son séjour de trois jours pour s'étendre sur une table qui n'avait rien de confortable. Bien que prévenue, elle sursauta quand la masseuse lui appliqua une boue très chaude au niveau des articulations des bras et des jambes ainsi que dans le dos. Déjà qu'il faisait une température fort élevée dans l'ensemble des thermes ! Ce qui pouvait se comprendre… Elle rêva pendant les vingt minutes du bain de boue à l'apéritif bien glacé qu'elle prendrait le soir avec ses amis. Mais le pouvoir relaxant de ces soins n'était pas un mensonge et, à la fin de son séjour, accommodée au caractère un peu autoritaire des prises en charge, elle se sentit détendue et regretta de ne pas avoir choisi une formule plus longue.

Questions

1. Combien de temps dure son séjour ?
2. Y a-t-il beaucoup de patients ?
3. A-t-elle apprécié son séjour ?
4. Pensez-vous que l'organisation dirigiste soit indispensable à la bonne marche d'un établissement de cette taille ?

Exercice n° 52

A B

La branche du sapin ondulait furieusement, semblant secouée par un vent violent alors que pas le moindre souffle d'air n'agitait la nature alentour.
Assis sur son derrière, sa queue empanachée battant la mesure au gré de ses mouvements, un écureuil roux avait pour ambition avouée de s'emparer d'une énorme pomme de pin encore accrochée à l'arbre. Avait-il vu le film relatant les exploits de l'un de ses congénères à l'âge glaciaire ? Non, sans doute, mais son comportement laissait entrevoir une continuité dans les préoccupations de ce petit animal, même si la noisette était remplacée par un autre fruit d'automne. L'acharnement dont il faisait preuve semblait inexplicable, vu le nombre de pommes semblables dont le sol était jonché, mais c'était visiblement sur celle-ci, assez inaccessible pour lui, qu'il avait jeté son dévolu.
La tenant fermement entre ses pattes de devant, il tirait de toutes ses forces en remuant de l'arrière-train pour donner plus de puissance à son geste. Ses échecs ne le décourageaient pas et, après quelques secondes de pause, il reprenait son labeur, secouant énergiquement l'objet de sa convoitise.
Après dix minutes d'effort infructueux, il modifia sa stratégie et commença à grignoter la base d'attache du fruit, mais il ne le mangea pas pour autant. Il recommença ses essais d'arrachage et, cette fois, miracle, la tige céda et il faillit tomber de la branche tellement ce fut sec et soudain. Il partit en sautillant, tenant son précieux trésor entre ses pattes antérieures et disparut, l'emportant probablement dans son abri, en vue de faire des réserves pour le long hiver qui s'annonçait.

Questions

1. L'écureuil est-il persévérant ?
2. Est-il récompensé de ses efforts ?
3. Avez-vous vu le film auquel il est fait allusion ?
4. Pensez-vous qu'il fasse preuve d'adaptation face à la difficulté ?

Corrigés

Exercice n° 26

B
1. Le casque. **2.** En fin de journée.

Exercice n° 27

A
1. Non. **2.** Oui. **3.** Oui. **4.** Oui.

Exercice n° 28

A
1. La montagne. **2.** Non. **3.** Le ski.

Exercice n° 29

A
1. Non. **2.** Non.

Exercice n° 30

A
1. Dans la cuisine, en été. **2.** La chaleur et l'humidité. **3.** Faire la cuisine.

Exercice n°31

B
1. Non. **2.** Non. **4.** Oui.

Exercice n° 32

A
1. Oui. **2.** Non. **3.** Oui. **4.** Or.

Exercice n° 33

A
1. Non. **2.** Non. **3.** Non. **4.** Non.

Exercice n° 34

B
1. Eiffel. **2.** Oui. **3.** Oui. **4.** Non.

Exercice n° 35

A
1. Le lion. **2.** Marron. **3.** Rapide. **4.** Oui.

Exercice n° 36

A
1. Le gorille. **2.** Non. **3.** Dans la forêt. **4.** Oui.

Exercice n° 37

A
1. Non. **2.** Une dune. **3.** Non. **4.** Le surf.

Exercice n° 38

B
1. Un café. **2.** Non. **3.** Oui.

Exercice n° 39

A
1. Six mois. **2.** Désespoir, inquiétude. **4.** Non.

Exercice n° 40

B
1. Maussade. **2.** Non. **3.** Non.

Exercice n° 41

B
1. Non. **2.** Non. **3.** Non.

Exercice n° 42

A
1. Énervement. **2.** Le retard. **3.** Une inattention par rapport à son environnement.

Exercice n° 43

A
1. Non. **2.** La colère, le chagrin. **3.** Oui. **4.** Oui.

Exercice n° 44

A
1. Au bord de l'océan. **2.** Oui. **3.** Oui.

Exercice n° 45

A
1. Les voisins. **2.** Une agression. **3.** Non.

Exercice n° 46

Texte 1.

Exercice n° 47

B
1. 6. **2.** Des chapeaux, des bijoux. **3.** Non.

Exercice n° 48

B

1. Non. **2.** La défense. **3.** Oui. **4.** Oui.

Exercice n° 49

B

1. Non. **2.** Oui. **3.** Non. **4.** Non.

Exercice n° 50

A

1. En automne. **2.** Non. **3.** Non.

Exercice n° 51

A

1. Trois jours. **2.** Oui. **3.** Oui.

Exercice n° 52

B

1. Oui. **2.** Oui.

Chapitre 4

Textes informatifs

Exercices n° 53 à 80

100 exercices pour comprendre un texte

Exercice n° 53

A

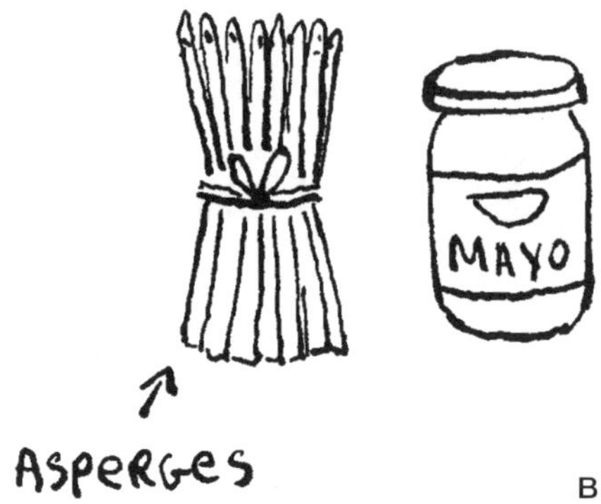

B

Soupe de moules aux pistils de safran (6 personnes)

- 2 kg de moules moyennes
- 50 cL de vin blanc fruité (Alsace…)
- 50 cL de crème liquide
- 4 échalotes
- 2 gousses d'ail
- 2 branches de persil
- 1 bouquet garni
- 25 g de beurre
- 25 g de farine
- Poivre
- Croûtons
- Poudre et pistils de safran

Nettoyer, gratter et rincer les moules. Réserver au frais. Hacher les échalotes et l'ail et faire revenir dans une casserole avec la matière grasse. Ajouter les mollusques, poivrer. Mettre les herbes aromatiques. Remuer. Ajouter la boisson et la poudre. Laisser mijoter jusqu'à l'ouverture complète des coquillages. Préparer un roux. Égoutter les moules et filtrer le jus au chinois. Les décoquiller et les maintenir au chaud. Lier le jus avec le roux, laisser bouillir légèrement. Ajouter la crème afin d'obtenir un velouté onctueux. Rectifier l'assaisonnement. Faire dorer les croûtons au four, ils serviront à la décoration ainsi que quelques coquilles soigneusement lavées. Préparer des soupières individuelles. Déposer les moules puis verser le velouté très chaud. Parsemer de pistils et décorer.

Questions

1. Combien d'étapes sont nécessaires à la réalisation de cette recette ?
2. Pensez-vous que la réalisation soit longue et dépasse une heure ?
3. Son prix de revient sera-t-il élevé ?
4. Peut-on faire cette même recette avec d'autres mollusques ou crustacés ?

Exercice n° 54 ◈

A B

Les troubles du langage et de la communication chez l'enfant atteint d'autisme qui sont un des critères de diagnostic de l'autisme, sont constants, compris dans un éventail large pouvant aller d'un défaut de capacité à engager ou soutenir une conversation avec autrui jusqu'à une absence totale de langage.

Quelles sont les caractéristiques linguistiques de ces difficultés ?

• L'enfant atteint d'autisme a souvent un déficit de compréhension du sens des questions, des énoncés (oraux et écrits) car il ne parvient pas à établir dans un premier temps la cohérence du texte et dans un deuxième temps à interpréter l'information implicite générée par les inférences. Il reste donc souvent prisonnier du sens littéral.

• Dans les difficultés à s'exprimer, on note un non-respect des règles de conversation, des propos qui peuvent être totalement étrangers au contexte, un décalage dans la communication par manque d'écoute d'autrui, une logorrhée verbale avec des thèmes de prédilection, une écholalie souvent présente chez les plus jeunes.

Une autre caractéristique des troubles de la communication est l'altération de la voix car ils ne perçoivent pas la valeur informative des éléments prosodiques de la voix. De ce fait, ils ont eux-mêmes une voix très monotone, sans modulation, avec souvent un débit saccadé qui ne permet pas de transmettre des informations à valeur émotionnelle.

Questions

1. Les troubles du langage servent-ils à établir le diagnostic de l'autisme ?
2. L'altération de la communication n'est-elle due qu'à des troubles linguistiques ?
3. Communiquer avec l'autre est-il aisé pour un enfant atteint d'autisme ?
4. Pensez-vous que ces troubles se retrouvent dans un retard de langage chez un enfant normo-typique ?

Exercice n° 55

Certificat médical	**Ordonnance**
A	B

09/06/2012
Docteur Bonnesanté
Diplômé de la faculté de Pleineforme

Monsieur Lemalade

PRENDRE :

- RECONSTITUANT 10 mg

Un comprimé avant chaque repas.
Traitement pour un mois à renouveler deux fois.

- FORTIFIANT VITAMINE PLUS
  – Une ampoule à diluer dans un demi-verre d'eau le matin un jour sur deux pendant quatre semaines.

En cas de fatigue aiguë pendant les cours, prendre une pastille de :
RELANCE PUISSANCE 4 (un tube).
Sans dépasser trois prises par jour.

En l'absence d'amélioration, faire faire une prise de sang en laboratoire pour dosage de *la molécule de la forme* (voir prescription jointe).

Questions

1. Sachant qu'une boîte de RECONSTITUANT contient trente comprimés, combien le pharmacien devra-t-il en donner pour couvrir le traitement ?
2. Pendant combien de jours faudra-t-il prendre du FORTIFIANT ?
3. Le médecin a-t-il donné une autre ordonnance ?
4. Par rapport aux médicaments prescrits, de quoi se plaignait le patient ?

Exercice n° 56

Père et mère de la mariée Père et mère du marié
Ont l'immense soulagement de vous faire part de l'union de leurs rejetons respectifs,

PAOLA et PAOLO

qui, après bien des atermoiements et hésitations, ont enfin décidé de célébrer leur union le samedi suivant le lundi de Pentecôte, en la Chapelle Sainte-Victoire, aux environs de 16 h 30.
Dans l'attente probable des héros de la fête, un apéritif est prévu avant la cérémonie, sur le côté droit de l'église, sous les platanes. Des sièges seront installés pour les plus fatigués.
À l'issue du service religieux, un repas de gala sera servi au Château du Bonheur, suivi d'une soirée dansante animée par l'orchestre de la paroisse.
VENEZ NOMBREUX !
Pour parvenir à destination avant la fin des réjouissances, merci de suivre les indications portées sur l'itinéraire ci-dessous.
À votre arrivée dans Z..., surtout, ne prenez pas la première route à gauche car vous seriez obligé de faire tout le tour du village et on se perd facilement dans l'entrelacs des petites ruelles, ni celle de droite car cela vous amènerait dans les champs.
Vous ignorez les deux premières rues à droite et à gauche que vous allez rencontrer, mais vous prenez la suivante à droite. Arrivé au rond-point, prendre la sortie n° 2 et vous apercevrez le clocher.
BIENVENUE !

Question

Choisissez le bon itinéraire.

Itinéraire 1

Itinéraire 2

Exercice n° 57

A

B

Île des délices, 8 jours/7 nuits

Hôtel Paradis 2*
depuis Paris+chambre d'hôtel

Départ le 04/07/15 à partir de 487 € par personne en demi-pension

L'hôtel se situe dans un environnement naturel agréable, à flanc de colline, offrant de ce fait une vue magnifique sur la baie de Bellevue. Un chemin serpentant dans la pinède vous permettra de vous rendre dans le petit village de pêcheurs situé en contrebas.

Cet établissement fait partie d'un complexe hôtelier comportant cinq autres résidences voisines, dont les studios et appartements sont répartis sur les pentes.

Votre première excursion se déroulera dès votre arrivée puisque le trajet de deux heures entre l'aéroport et votre point de chute se fera en navette maritime.

Les chambres ont été rénovées en 2010.

Elles sont toutes équipées d'un lit double, salle de bain et sèche-cheveux, télévision satellite, balcon ou terrasse. Certaines chambres ont un balcon (ou une terrasse) orienté vers la mer. La température est contrôlable grâce à un ventilateur amovible moyennant supplément après demande à la réception et dans la mesure des stocks disponibles.

Les draps de bain mis à votre disposition, et qui vous seront facturés en cas de perte ou détérioration, sont changés tous les trois jours, et ceux du lit une fois par semaine.

Les repas sont servis sous forme de buffet, les boissons n'étant pas comprises dans les formules pension et demi-pension.

Avec suppléments, vous pourrez vous enivrer sur les tabourets du bar principal ou manger des frites bien grasses et des sandwichs pleins de calories au snack.

Des horaires précis ne peuvent être donnés car tout peut changer à tout moment. Inutile donc de vous représenter une journée type, vous ne pourriez qu'être perturbé par les modifications de dernière minute. Après tout, vous êtes en vacances, au diable le train-train quotidien.
Apportez votre téléphone portable car ce service est payant ainsi que l'accès à internet et au bureau de change (mieux vaut avoir des Travelers pris dans votre résidence d'origine).
Les excursions avec guide sont à organiser sur place et sont tributaires du nombre de personnes.
Il n'y a pas d'animation dans le complexe ; pour vous distraire, vous devez vous rendre au village mais, attention, comme dit plus haut, l'hôtel est en position dominante et il y a parfois un nombre important de marches à gravir ou à descendre, ce qui peut être une gêne pour les personnes souffrant de handicap moteur ou ayant fait un repas trop copieux et trop bien arrosé.
Nous espérons avoir répondu à toutes vos questions et vous attendons, toute l'équipe et moi-même, pour un séjour sensationnel dans notre établissement qui l'est tout autant.
À bientôt,
A. Baratineuse,
Directrice

Questions

1. Sait-on à quelle distance se trouve la mer, si l'accès en est facile, et s'il y a une piscine dans le complexe ?
2. Êtes-vous sûr de bénéficier d'une chambre avec balcon ou terrasse et, dans ce cas, d'avoir vue sur la mer ?
3. Le forfait proposé inclut-il toutes les prestations auxquelles on fait allusion ?
4. Pensez-vous que vous puissiez passer des vacances inoubliables sans dépenser plus d'argent ?

Exercice n° 58

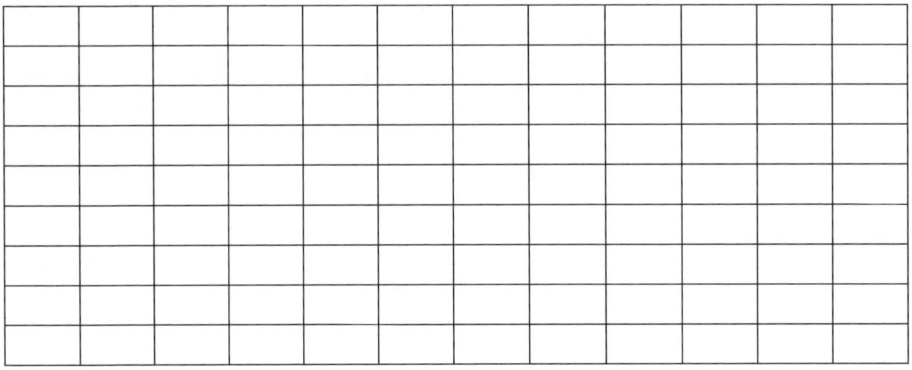

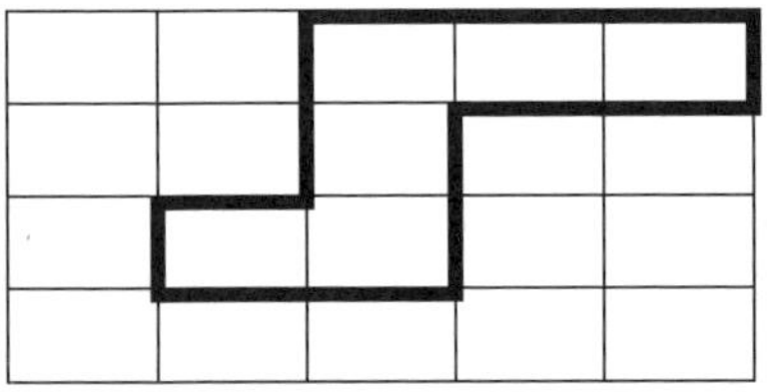

Consigne

Reproduisez la forme délimitée par le trait noir plus épais ci-dessus le plus de fois possible dans le grand tableau.
Auparavant, vous l'aurez coloriée de la couleur de votre choix.
Vous les agencerez de telle façon qu'elles ne doivent se toucher ni par un côté ni par un coin.
Par contre, leur orientation est libre.
Leur coloriage, une fois tous les emplacements trouvés, est facultatif.
Vous pouvez mémoriser la forme, la cacher puis la reproduire. C'est plus difficile mais c'est un bon exercice d'anticipation et de représentation mentale.
Vous avez droit à l'erreur !
Bon courage !

Questions

1. Avez-vous choisi la couleur demandée ?
2. Dans quel ordre se déroulent les différentes actions ?
3. À votre avis, avant de commencer, peut-on en mettre plus de dix ?
4. Vous sentez-vous capable de le faire sans essai préalable au crayon à papier ?

Exercice n° 59

CONTRAT
Salaire mensuel brut : 1000€

A

CONTRAT
Bénévolat

B

Séjour linguistique à l'étranger

Votre arrivée

Si vous avez réservé le transfert, vous serez attendu par un des membres de notre agence qui vous conduira à votre lieu d'hébergement. Sinon, vous vous débrouillerez tout seul.
Pour une meilleure intégration dans votre nouvel environnement, il est conseillé d'arriver quelques jours avant le début de votre stage. Dans le cas contraire, nous ne doutons pas un instant de votre faculté d'adaptation.
À tous, un petit livre vous sera remis individuellement et gratuitement ; il vous fournira des informations pratiques sur la ville mais aussi sur les conditions de votre stage, en particulier ce qu'il est permis de faire ou non dans ce cadre-là.

Modalités de vie au travail

Les tenues vestimentaires sont strictes dans le cadre du travail. Oubliez les bermudas, même s'ils ne sont pas fleuris, les tenues décontractées et les tongs aux pieds. Ne pas se montrer curieux de la vie privée des collaborateurs, leur parler avec respect. Les critiques qui ne manqueront pas de vous être adressées le seront sous forme de questions plutôt que sous une formulation directe. Le temps de travail est réglementé : 40 h par semaine. Des pauses sont aménagées ; les horaires peuvent l'être également avec l'accord de vos supérieurs hiérarchiques.
Vous ne serez pas rémunéré.

Hébergement

Deux possibilités s'offrent à vous, la famille d'accueil ou la colocation en appartement. Quelle que soit la formule choisie, nous vous conseillons d'effectuer la réservation au moment de l'inscription car les places sont limitées. D'autre part, nos partenaires de stages ont leurs bureaux situés dans le centre-ville alors que les possibilités de logements, vu les tarifs pratiqués, s'en trouvent très éloignées. Prévoir donc des trajets domicile/bureau de longue durée.

Séjour

Entre huit semaines et douze mois.
L'inscription doit se faire au moins six mois avant votre date de début de stage.

N'oubliez pas de réserver vos billets avion/train et de les payer vous-même.
Selon votre choix de logement, les repas ne sont pas compris dans le prix.
Il vous restera du temps libre essentiellement le week-end, car venir au bureau en semaine avec une tête de lendemain de fête ne serait pas particulièrement apprécié.

Questions

1. Les stagiaires recevront-ils un salaire ?
2. Le temps de travail hebdomadaire est-il supérieur à celui observé en France ?
3. Pensez-vous que ce séjour soit onéreux pour le stagiaire ?
4. La situation présentée par la brochure vous paraît-elle engageante ?

Exercice n° 60 ◈

A

B

L'apprentissage de la lecture suppose que l'apprenti lecteur ait une bonne représentation mentale de la forme écrite du mot.
Le processus fonctionnel de cette représentation a pu être mis en évidence grâce aux apports de la neuropsychologie.
Deux procédures ont été mises en évidence :
1. Une procédure dite directe ou voie d'adressage. C'est elle qui permet de reconnaître immédiatement la forme complète du mot dans sa forme orthographique alors qu'il n'obéit pas aux règles phonologiques les plus usitées. Exemple : les mots « gemme » et « femme » devraient se prononcer de la même façon par rapport à leur orthographe similaire et selon la règle de lecture qui veut qu'un « e » suivi de deux consonnes identiques se lise « è ». Mais le mot « femme » est dit irrégulier, c'est-à-dire qu'il a une prononciation propre à reconnaître par cœur, sous peine de faire des erreurs systématiquement.
Par cette voie, on accède directement au sens dans le cas de mots se prononçant de manière identique mais s'écrivant différemment. Exemple : « sot » et « seau ».
2. Une procédure dite d'assemblage phonologique qui consiste à associer les lettres aux sons correspondants, mais aussi à les regrouper en unités de plus en plus importantes pour se représenter la forme phonologique du mot. C'est une voix dite indirecte, qui permet de lire des mots nouveaux.
En réalité, il n'y a pas de séparation entre ces deux manières de faire. Le lecteur les utilise de façon concomitante en permanence et les mots les plus connus de sa part sont toujours appréhendés dans leur forme orthographique. On ne repasse pas par la voie phonologique pour lire « maman », car ce mot est connu par cœur. Encore faut-il le considérer dans son intégralité et pas lettre par lettre ou syllabe par syllabe.
– C'est exactement ce que venez de faire en lisant cet exercice !

Questions

1. La maîtrise de ces deux voies est-elle indispensable pour devenir un bon lecteur ?
2. Quelle est celle qui permet de lire les mots inconnus ?
3. Quel(s) est(sont) les mots pour lesquels vous avez dû privilégier la voie d'assemblage phonologique ?
4. Pensez-vous, eu égard ce que vous venez de lire, être un lecteur performant ?

Exercice n° 61

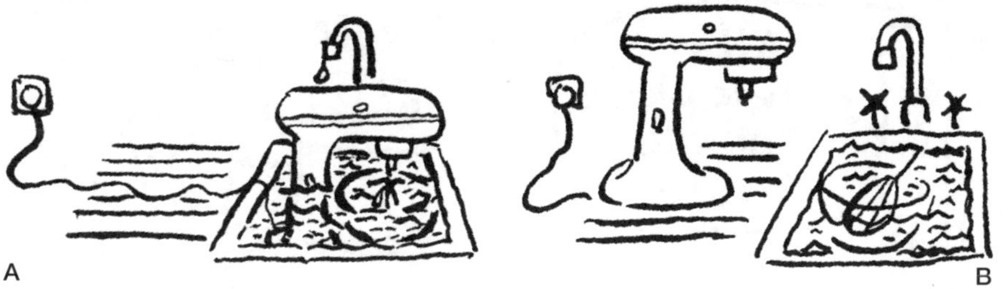

A B

Description de l'appareil

Un bloc moteur, un bol d'un litre, un entraîneur, un couteau, un couvercle, un poussoir, un bouton marche/arrêt.

Utilisation

Pour la mise en place du bol, le positionner sur le bloc moteur puis le tourner dans le sens inverse des aiguilles d'une montre jusqu'à la butée. Ensuite, placer l'entraîneur au milieu du bol et, dessus, l'accessoire que vous désirez utiliser. Bien vérifier que l'ensemble est correctement clipsé. Pour que l'appareil puisse fonctionner, le bec du couvercle doit s'emboîter dans le logement prévu à cet effet sur la colonne du bloc moteur. Pour cela, le tourner sur le bol, de gauche à droite, jusqu'à la fermeture hermétique de l'engin.
Pour obtenir de bons résultats, il est préférable de travailler en pulsion plutôt qu'en continu, le moteur dans ce dernier cas pouvant chauffer plus que raisonnablement pour votre sécurité.
L'utilisation du poussoir est conseillée pour éviter des éclaboussures dans tous les sens !
Appuyer sur le bouton « marche » et c'est parti pour une pâte à pain fabuleuse.
Ah ! Au fait, n'oubliez pas de mettre les ingrédients voulus dans le bol !

Nettoyage

Surtout, débrancher l'appareil avant de le nettoyer.
Ne pas immerger ni le bloc moteur ni l'entraîneur car ils n'aiment pas l'eau ! Ils préfèrent être traités avec un chiffon doux.
Attention à la manipulation du couteau dont la lame est on ne peut plus coupante. Ce serait dommage de perdre un doigt en préparant la mayonnaise, et on pourrait penser qu'elle est à la sauce tomate !
Le reste accepte de passer au lave-vaisselle.

Questions

1. À quoi sert cet appareil ?
2. Peut-il s'avérer dangereux si on le manipule sans précaution ?
3. Peut-on s'en servir pour faire cuire de la viande ?
4. À votre avis, est-il performant pour de grandes quantités ?

Exercice n° 62

A

B

Offre d'emploi

Boutique de luxe vendant des accessoires de mode de très haut de gamme cherche H/F pour poste suivant :
VENDEUR ou CONSEILLER DE VENTE.
La personne devra avoir un profil dynamique (les mous et somnolents sont priés de s'abstenir et de ne pas nous faire perdre notre temps dans la sélection des candidatures).
Sa présentation devra être irréprochable à tous points de vue (inutile de postuler si vous ne savez ni vous coiffer ni vous habiller autrement qu'en jogging). À ce propos, joindre plusieurs photos dans des situations différentes est fortement conseillé.
La maîtrise de l'anglais est le minimum exigé du fait du caractère international de notre clientèle.
Les débutants sont acceptés sous réserve d'envisager une formation correspondant aux caractéristiques du poste.
Il est préférable que la disponibilité du candidat soit immédiate, ou au plus tard dans le mois.
La rémunération sera étudiée au cas par cas en fonction des compétences.
Envoyer par la poste ou par mail au journal dont vous trouverez l'adresse en première page : CV + photos + lettre de motivation, auxquels vous aurez joint la référence de l'annonce.
Surtout, ne cherchez pas à nous joindre par téléphone ! Ce serait rédhibitoire !
Bonne chance !
Si on ne vous répond pas, c'est que votre candidature ne nous intéresse pas !

Questions

1. Peut-on penser que l'aspect physique est plus important que les compétences commerciales ?
2. Sera-t-il apprécié de parler d'autres langues que l'anglais ?
3. Quelles sont les qualités requises pour ce poste ?
4. À votre avis, les critères de sélection sont-ils précis et ne manque-t-il pas des éléments ?

Exercice n° 63

A

B

L'itinéraire de randonnée qui suit n'engage en aucun cas la responsabilité de celui qui l'a pensé. À vous de prendre soin de vous-même, d'être prudent, bien équipé (les tenues de ville sont à proscrire et de bonnes chaussures de marche sont le minimum requis), de ne pas vous perdre en faisant les malins.
Le lieu de départ est le foyer de ski de fond à droite à l'entrée du village « La Montagne ».
Se diriger vers le centre du village en partant sur la gauche, puis prendre le chemin à droite qui part en face de l'église. Le suivre jusqu'à la rivière sans la traverser, que vous longerez sur sa rive gauche pendant deux kilomètres environ. La pente montante est douce, profitez-en pour admirer le paysage. Si vous êtes attentif et avec de la chance, vous apercevrez des animaux. Ne pas essayer de les attraper, n'oubliez pas, ils sont sauvages sinon féroces. Arrivé au carrefour suivant, prendre la pente située complètement sur votre droite. Vous ne pouvez pas vous tromper car elle grimpe fort d'entrée. Plus loin, elle est assez escarpée et domine le ravin où coule un torrent. Si vous êtes sujet au vertige, il est préférable de choisir un autre itinéraire. Les autres pourront admirer les sommets se découpant sur le ciel azur, du moins nous l'espérons pour vous. En cas d'orage, ne pas rester planté sous un arbre, un refuge vous attend un peu plus loin. Quand vous l'aurez dépassé, il ne vous restera plus que cinq cents mètres avant le sommet, mais ils vous demanderont un gros effort. C'est l'ancien lit asséché d'une rivière dont le fond est tapissé d'énormes cailloux peu propices à la marche. Attention de ne pas vous blesser, notamment en vous foulant une cheville !
Enfin, si vous avez échappé à tous ces écueils, vous arriverez au sommet après deux heures d'effort ; vous serez récompensé par la vue grandiose sur les chaînes montagneuses du massif qui s'offriront à vos yeux émerveillés !
N'oubliez surtout pas d'emmener à BOIRE !

Questions

1. Quelle est la condition principale pour pouvoir faire ce trajet ?
2. La prudence est-elle de mise ?
3. Quel est le temps moyen de la balade ?
4. Pensez-vous qu'il faille être très sportif pour la faire ?

Exercice n° 64

A

B

Nous l'avions quitté à l'issue de sa première leçon de rider, se tenant debout tant bien que mal. Après une semaine d'entraînement intensif, il maîtrisa cet exercice et attendit impatiemment le jour de la deuxième leçon.
Le thème du jour le surprit un peu : apprendre à tomber. Après tout le mal qu'il s'était donné pour rester stable, il eut peur de régresser mais la teneur de l'enseignement lui apparut vite comme une connaissance fondamentale pour ne pas se faire mal, les chutes faisant partie intégrante de ce sport.
D'abord, ne jamais tenter de récupérer son équilibre, la chute étant inévitable, mais plutôt essayer de l'anticiper.
Si on tombe vers l'avant, il faut plier les jambes le plus vite possible en amortissant le choc avec les mains et les genoux (merci les protections !).
La chute en arrière est plus délicate à amortir, donc plus dangereuse. Rentrer la tête dans les épaules pour lui éviter de heurter le sol ; épargner le dos qui est fragile et dont les douleurs sont tenaces en se servant un maximum des mains.
Bon, la théorie est sensationnelle mais la pratique se révèle plus ardue à appliquer. C'est la partie la plus charnue de son anatomie qui, pour l'instant, lui sert d'amortisseur, mais il est difficile de mettre des protections à cet endroit-là !
Enfin, comme le moniteur certifie que ces difficultés sont normales pour cet apprentissage, il faut montrer de la patience avant que la bonne réaction ne devienne réflexe.

Questions

1. Est-il possible de faire du roller sans tomber, du moins au début ?
2. Les protections sont-elles utiles ?
3. Pensez-vous que cette leçon lui sera bénéfique pour la suite de son apprentissage et lui donnera confiance en lui ?
4. La science de la chute est-elle facile à appliquer ?

Exercice n° 65

A B

Lors des épreuves internationales d'athlétisme, les commentateurs parlent toujours avec des trémolos dans la voix de l'épreuve reine, à savoir le cent mètres. Voir partir comme des flèches des individus dès que le coup de starter retentit peut faire penser à une fuite éperdue devant une arme, mais là, pas de menace d'agression, il s'agit juste de sport.

Les regarder filer à toutes jambes vers le fil symbolique de la ligne d'arrivée laisse à penser qu'il n'est pas si difficile de le faire et que tout un chacun est capable de courir le plus vite possible sur cette distance. Mais cent mètres, c'est déjà plus long qu'il n'y paraît sur l'écran, ou alors c'est l'entraînement qui manque, ou la technique de course, ou les qualités physiques innées indispensables à ce genre de pratique. Courir à cette vitesse n'est en effet pas possible pour la majorité, sinon on ne serait pas sur le canapé à les admirer, mais sur la piste. D'abord, il faut être tonique, très réactif (partir une seconde après le coup du starter semblant assez pénalisant), puissant (les stars de la piste ne sont pas vraiment des maigrichons ou ils ne restent pas longtemps au premier plan).

Il ne s'agit pas non plus de se redresser de la position initiale penchée dès la mise en action, il faut le faire mais de manière progressive, sans à-coups. La vitesse maximale s'atteint de la même façon avec un allongement des foulées, le talon ne touchant pas le sol. Plus les foulées sont amples, plus l'athlète a de chances d'aller vite dans la mesure où il reste bien équilibré, le bassin en avant et montant les genoux devant lui. Pour atteindre ce degré de perfection, des heures d'entraînement sont nécessaires, chaque étape de la course devant être travaillée individuellement avant de pouvoir en faire une synthèse harmonieuse et efficace. Avoir les qualités physiologiques de base ne suffit pas à faire un grand champion !

Questions

1. Si une personne court avec de toutes petites foulées, peut-elle être bonne au sprint ?
2. Existe-t-il d'autres distances de course de sprint ?
3. Atteint-on sa vitesse maximale dès le coup de pistolet ?
4. À votre avis, l'entraînement doit-il être journalier pour espérer une médaille ?

Exercice n° 66

La troisième leçon dont l'apprenti « rider » bénéficia concernait le freinage, et éventuellement l'arrêt, qui pouvait être considéré comme l'objectif à atteindre, le reste n'en étant que les moyens.
Déjà un peu habile sur ses roues et voulant surtout épater les autres par son savoir-faire tout neuf, il s'élança, sans tomber, mais aussi sans laisser le temps au moniteur de fournir le moindre indice sur la technique à adopter. Le résultat ne se fit pas attendre, et il s'arrêta, certes, mais en bousculant une condisciple qui n'en demandait pas tant et qui, sous l'effet de la surprise, tomba immédiatement à la renverse, l'entraînant dans sa chute. Après des cris et quelques pleurs, elle put se relever sans trop de bobos, les protections ayant amorti le choc. Ouf ! Il en fut quitte pour une bonne semonce et se tint coi le reste de la séance.
Le freinage, donc !
« Plusieurs manières existent mais nous nous contenterons aujourd'hui de la plus simple que tout débutant doit pouvoir exécuter, et quoi qu'en pensent certains, vous êtes, pour l'instant encore, des néophytes », dit l'enseignant. « Elle permet de s'arrêter, quelle que soit la vitesse et évite de chuter si elle est faite correctement ».
« Représentez-vous un T que vous dessineriez avec vos deux patins, celui de votre choix se plaçant perpendiculairement derrière l'autre. Les roues de celui en position postérieure, bloquées, ne peuvent normalement plus rouler et, frottant le sol, servent de frein. Ne pas oublier de bien faire une figure perpendiculaire sinon les roues continueront d'avancer et vous serez condamné au grand écart et à une chute certaine ».
Les premiers essais donnèrent lieu effectivement à des positions dignes d'un programme de gymnastique au sol, mais très vite, tous les participants réussirent à bien intégrer la chorégraphie et, à petite vitesse, chacun s'arrêta.

Questions

1. Y a-t-il d'autres moyens pour s'arrêter ?
2. Y a-t-il une jambe préférentielle à mettre à l'arrière ?
3. L'incident a-t-il eu des conséquences fâcheuses ?
4. Si vous pratiquez cette activité, la méthode proposée vous semble-t-elle efficace ?

Exercice n° 67

A

B

Vous avez sous les yeux le programme prévisionnel pour les nouveaux spectacles de l'année à venir. Vous pouvez bénéficier de tarifs préférentiels dans le cadre d'abonnements.
La première étape consiste à choisir la formule qui vous convient.
Pour avoir droit aux 20 % de réduction, il faut choisir au moins cinq spectacles d'opéra parmi les onze proposés, les trois du festival compris.
Si seuls les spectacles du festival vous intéressent, il faudra prendre la totalité des représentations pour avoir droit à la réduction de 25 %.
Pour les spectacles de danse, 20 % de réduction vous seront offerts si vous vous inscrivez à trois représentations au choix sur les six proposées. Il en est de même pour les concerts, sauf que quatre pourront être choisis sur les six qui seront donnés.
Une deuxième possibilité est de prendre des billets à la carte, pour tous ces spectacles.
La réduction sera de 15 % à partir de quatre spectacles à condition de prendre au minimum deux opéras au choix, plus au minimum un spectacle de danse au choix, plus au minimum un concert au choix.
Si vous venez en famille, à partir de trois spectacles pour enfants choisis parmi les six à l'affiche, vous aurez 15 % de réduction pour les adultes et des places à dix euros pour les enfants au lieu de quinze, mais pour cela, la carte-pass est obligatoire.
Nous proposons également des services en dehors des spectacles. Les menus du restaurant sont à réserver à l'avance, le prix des deux formules étant identique quel que soit le thème de la représentation. Il en est de même pour la réservation du parking. Les livrets-programmes seront envoyés à votre domicile. Les ateliers pour enfants entre 5 et 12 ans sont réservés à ceux dont les parents assistent au spectacle dans la grande salle.

Il reste une dernière possibilité, celle d'acheter les billets à l'unité, mais vous n'aurez droit à aucun tarif avantageux.
Toute l'équipe vous attend avec impatience et vous promet d'excellentes soirées en sa compagnie.

Questions

1. Quelle que soit la catégorie choisie, la réduction proposée s'applique-t-elle à la totalité des spectacles ?
2. Est-il précisé s'il existe la possibilité de prendre deux abonnements par catégorie ?
3. La réduction de 15 % permet-elle de choisir des spectacles dans une seule catégorie ?
4. À votre avis, est-il facile de prévoir des réservations si longtemps à l'avance ?

Exercice n° 68

A B

Désormais stable sur ses rollers, il commença à faire quelques sorties avec ses copains mais en restant prudent, l'incident survenu lors de la dernière leçon lui ayant montré les limites de son talent.

Justement, en parlant de leçon, il lui restait encore un cours à suivre et il avait hâte de voir ce que cela pourrait lui apporter. En tout cas, il attendrait les conseils du moniteur avant de se lancer dans des exhibitions.

L'enseignement concernait la vitesse et il entrevit la possibilité d'aller plus vite que ses camarades, ce qui n'avait pas vraiment été le cas lors de la dernière sortie, relégué qu'il était en queue de peloton.

Plier les genoux comme il l'avait vu faire par les autres lui permettrait de descendre son centre de gravité et d'être plus stable, le protégeant des chutes.

L'accélération, il ne maîtrisait pas vraiment, mais faire comme les canards, ça, c'était dans ses possibilités et, en plus, ça marchait ! Vite, plus vite, encore plus vite ! Par contre, c'était super quand le chemin allait tout droit, mais pour virer, il fallait quelques conseils supplémentaires !

Par exemple, si vous désirez tourner à gauche, rien de plus simple ! Il suffit de croiser vos patins en levant le pied droit, puis de le faire passer devant le pied gauche pour le poser à côté de ce dernier qui se trouvera à ce moment-là à droite ! Puis ramenez ce pied (gauche ou droite au fait ?) normalement parallèle avec l'autre et recommencez, s'il y a un nouveau virage bien entendu ! Pour tourner à droite, vous faites la même chose mais en inversant l'ordre des pieds. Simple, non ?

Questions

1. Vous sentez-vous prêt(e) à décrire les étapes pour tourner à droite ?
2. Apprendre à aller plus vite lui permettra-t-il de ne plus être en queue de peloton ?
3. Quelle est la technique qui permet d'éviter les chutes ?
4. À votre avis, est-il satisfait de ses cours et pensez-vous que cela l'a aidé ?

Exercice n° 69 ◈

A B

Nous avons vu, lors d'un exercice précédent, le rôle de la voix dans la genèse du langage et quelles étaient dans ce domaine les difficultés chez un patient atteint d'autisme.

En effet, des études ont montré que ces derniers avaient une perception anormale des bruits vocaux par rapport à une population normale. Les bruits ne sont pas reconnus comme spécifiques et porteurs d'information liée à la communication, mais font partie de l'environnement sonore au même titre que les autres bruits, alors que chez les témoins non autistes, les aires du cerveau concernées montrent une activité particulière lors de l'écoute de sons vocaux.

D'autre part, les caractères prosodiques de la voix ont un rôle fondamental car ils sont porteurs de sens et constituent un aspect incontournable de la communication en ajoutant leurs informations à la gestuelle et aux mots, autres facteurs fondamentaux de la compréhension et de l'expression.

Déjà tout bébé, l'enfant perçoit les différences d'intonation, d'intensité ou de longueur du discours de ses proches alors qu'il n'en saisit pas encore forcément le sens lexical. Cela lui fournit les bases de la segmentation de la parole répondant aux mêmes critères prosodiques, ainsi que les stratégies d'acquisition de la phonologie, du lexique et de la syntaxe.

Or, comme les patients atteints d'autisme ne perçoivent pas ces aspects prosodiques et qu'ils sont bien en peine de les reproduire eux-mêmes lorsqu'ils s'adresseront à autrui, on comprend nettement mieux les difficultés communicatives qui sont les leurs.

En effet, on ne peut traduire la joie, la peine, la colère en parlant sur un ton monocorde et il sera alors difficile à l'interlocuteur de saisir les nuances des émotions contenues dans un tel discours atone.

Questions

1. Quelles sont les trois caractéristiques prosodiques de la voix ?
2. Sont-elles fondamentales dans le développement du langage de l'enfant ?
3. Quels sont les deux autres éléments qui jouent un rôle dans la compréhension du discours d'autrui ?
4. Pensez-vous que les valeurs intonatives de votre voix donnent des renseignements pertinents sur votre état émotionnel ?

Exercice n° 70

A	B
ACCÈS PASS	BILLET
20 €	10 €
Six soirées	Trois soirées

Depuis douze ans déjà, ce festival des « Tréteaux à la Scène » vous invite à découvrir le jeu théâtral dans toute la variété de sa pratique. L'établissement à l'origine de ces manifestations a réussi à en faire un moment fort et attendu de sa saison, ouvert à un public de plus en plus large, attentif à tous les modes d'expression, bien différents de ce qu'il a l'habitude de voir et d'entendre. On découvre l'autre, à travers sa culture, dans cet espace de rencontre.

L'inventivité démontrée par des compagnies amateurs, comme des créations plus ambitieuses d'artistes confirmés venus de tous horizons, ont amené une foison de spectacles, tous riches d'expressions multiples et rares.

Si la municipalité nous offre un partenariat particulièrement fructueux, le public, toujours plus nombreux, apporte une part de plus en plus importante à la pérennisation de cette aventure, à tel point que des propositions analogues ont pu être savourées dans les départements limitrophes.

Vous pouvez y avoir accès soit en prenant un pass spectacles pour 20 euros qui vous donnera droit à six soirées, soit en achetant votre billet à 8 euros pour deux représentations seulement.

La réservation est vivement conseillée pour tous les spectacles à l'affiche.

Bon festival !

Questions

1. À quel(s) type(s) de compagnie ce festival est-il ouvert ?
2. Attire-t-il beaucoup de monde ?
3. Le succès va-t-il en augmentant ?
4. A-t-il été repris ailleurs sous cette forme ?

Exercice n° 71

Consigne

Dans le texte suivant, des couleurs sont évoquées.
Après avoir lu et caché le texte, vous devez choisir la planche dont l'ordre de disposition des couleurs correspond à celui du déroulement chronologique du récit. Attention, l'ordre n'est pas linéaire ! Les actions dans le temps ne suivent pas forcément l'ordre dans lequel elles ont été écrites.
« Après avoir essayé le pantalon cerise dont il était impossible de joindre les deux bords de la fermeture éclair, elle tenta sa chance avec le short couleur herbe tendre dont la coupe lui paraissait mieux adaptée à sa corpulence. Le petit haut qu'elle avait enfilé en premier lui plaisait toujours autant, mais ses tons dégradés de ciel d'été faisaient un contraste trop violent. Elle dut se résoudre à en choisir un autre, plus discret, dont la nuance rappelait celle du charbon. »

A	B	C
Bleu	Rouge	Rouge
Rouge	Marron	Vert
Vert	Jaune	Bleu
Noir	Noir	Noir

Exercice n° 72

Consigne

Pourquoi emploie-t-on des verbes à des temps différents au sein d'un même texte ?
Lorsqu'un auteur écrit un récit, il utilise des verbes d'action ou d'état pour faire comprendre au lecteur une succession d'événements ou d'émotions ou les deux à la fois. L'ordre dans lequel il place les verbes, appelé ordre d'énoncé, peut (ou pas) correspondre à l'ordre chronologique.
Il est plus facile de comprendre des verbes d'action que des verbes d'état, et la compréhension d'un texte est également plus aisée si les deux ordres dont on a parlé précédemment sont concomitants.
Si l'on dit : « la voiture roulait très vite, dérapa dans le virage et se retrouva sur le toit », les trois actions se déroulent dans un ordre dit chronologique et sont décrites dans le même ordre dit d'énoncé.
On peut dire la même chose autrement : « comme la voiture roulait trop vite, elle se retrouva sur le toit après avoir dérapé dans le virage ».
Dans ce cas, l'ordre chronologique reste bien évidemment le même, mais l'organisation morphosyntaxique de la phrase est différente, ce qui entraîne une modification du temps de certains verbes, puisque l'ordre d'énoncé ne suit plus l'ordre chronologique des événements relatés.
Dans le texte qui va suivre, les deux ordres ne sont pas concomitants.
Vous devez trouver les verbes conjugués, les numéroter dans l'ordre d'apparition du texte, puis les classer selon l'ordre chronologique, toujours en les numérotant, mais d'une autre couleur.
« Si tu me prêtes ton iPhone que j'admire depuis si longtemps et dont j'ai très envie de me servir, sois sûre que je te le rendrai très rapidement et que je ne l'utiliserai qu'avec le plus grand soin. »

Questions

1. Les verbes au sein d'un texte sont-ils obligatoirement tous au même temps ?
2. Quelle catégorie de verbes est la plus facilement comprise ?
3. L'ordre chronologique est-il le même que celui d'énoncé ?
4. Peut-on dire la même chose de plusieurs façons différentes ?

Exercice n° 73

A

B

L'acteur M. Film est mort.
Connu du grand public pour son interprétation du commissaire Énigme dans la série Hold-Up qui fut diffusée pendant presque dix ans de façon hebdomadaire sur la chaîne TVP (TéléVisionPrimaire), l'acteur M. Film, de son vrai nom Pierrot Pierre, est décédé dans le Service des insuffisances respiratoires, à l'âge de 92 ans, au CHU de sa ville natale où il s'était retiré depuis plusieurs années.
Originaire du Sud où son père était inspecteur d'école, il avait suivi la filière classique du provincial « monté » à Paris pour y suivre des cours de théâtre à l'École Comédie afin de devenir acteur, objectif qu'il avait depuis son plus jeune âge.
Son physique passe-partout, mais aussi sa carrure athlétique, lui avaient ouvert les portes du septième art, où il fut remarqué dès son tout premier petit rôle dans le film de gangster bien connu *Balles Perdues*. Il enchaîna ensuite les prestations sans interruption, alternant petit et grand écran avec des incursions très fréquentes sur les scènes de théâtre dans tout le pays. Sa carrière fut très riche, il fut dirigé par les plus grands metteurs en scène français et côtoya ses pairs les plus prestigieux dans ses différentes apparitions.
Longtemps cantonné dans des rôles au sein de films d'action ou comiques, son interprétation d'un grand homme politique français montra au grand public une autre facette de son talent, plus dramatique, mais la fantaisie fut quand même son mode d'expression préféré.

Il ne passa derrière la caméra qu'une seule fois et, sa réalisation n'ayant pas rencontré le succès espéré, il ne récidiva pas dans cette direction.
Marié cinq fois, il avait deux enfants de son quatrième mariage.
Il sera inhumé en toute intimité.

Questions

1. Quel fut le genre de film dans lequel il apparut le plus souvent ?
2. Bien que très connu, aura-t-il des funérailles publiques ?
3. Avait-il un physique de grand séducteur ?
4. Réalisa-t-il beaucoup de films ?

Exercice n° 74

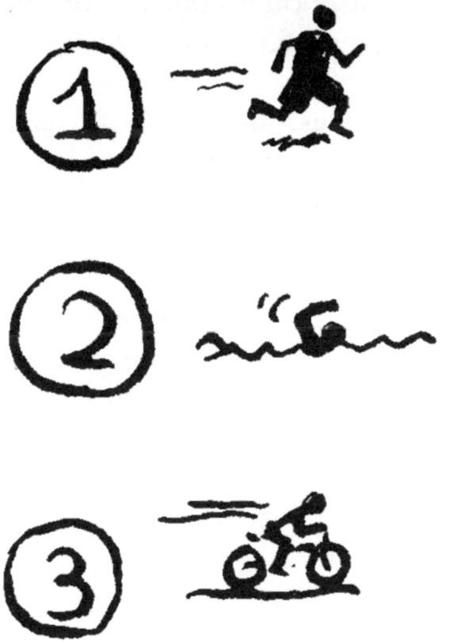

A

B

La grande épreuve sportive annuelle de la ville de COURIR aura lieu à la date habituelle, le 21 juin. Les trois épreuves de cette édition seront la course à pied (15 km, dont 3 en montée !), suivie de la traversée du lac (à cette époque, l'eau ne devrait pas descendre en dessous de 15 °C), pour immédiatement sauter sur votre VTT afin de crapahuter dans les anciennes carrières pendant 5 km avant de revenir sur la place centrale, lieu de départ et d'arrivée.

Rendez-vous à partir de 8 h 30, les hostilités commençant à 10 h. Les récompenses seront décernées à l'arrivée du dernier concurrent devant la tribune du stade de foot.

Merci d'essayer de faire le parcours en moins de quatre heures, le déjeuner pour les organisateurs n'étant plus assuré au-delà de 14 h.

Le respect des règles de sécurité sera assuré en conformité avec les lois du Code de la route et de la protection des personnes et de l'environnement. Chaque concurrent se verra remettre un exemplaire dudit règlement lors de son inscription qui est obligatoire pour prendre le départ. L'arrivée, elle, ne l'est pas et l'abandon est autorisé !

Vous devez en toutes circonstances rester maître de vous-même et de votre machine et l'organisateur ne pourra en aucun cas être tenu responsable d'un accident. Une assurance couvrant ce genre d'événement est d'ailleurs nécessaire pour chacun.

Les photos ou films pourront être exploités librement par les organisateurs à des fins qui leur sembleront utiles, donc inutile de venir vous plaindre si vous vous retrouvez en photo dans la gazette locale dans une posture que vous jugez ridicule.

Le matériel n'est pas fourni. Apportez des chaussures de course qui ne vous font pas mal aux pieds, un maillot de bain (la nudité est interdite) et le vélo, sans oublier le casque ! Pas de moto ni de moteur dans le cadre ou les pneus, nous ne sommes ni sur le tour de France ni aux Jeux olympiques ! Par contre, prévoyez un vêtement anti-pluie, on ne sait jamais !

Le ravitaillement est assuré tout au long du parcours. Il est interdit de s'arrêter au stand pour une dégustation, vous devez vous restaurer en continuant votre effort. Sinon, vous seriez pénalisé, certains ont même été disqualifiés pour ça. Nous vous conseillons fortement de vous sustenter avant d'entrer dans l'eau car rien n'est prévu au milieu du lac.

Au terme de votre parcours, les pénalités seront ajoutées à votre temps pour définir l'ordre d'arrivée dont le résultat final sera communiqué à l'arrivée du dernier concurrent. Si vous décidez de ne pas terminer, merci d'en informer les commissaires de course disséminés un peu partout, que l'on ne soit pas obligé de déclencher le dragage du lac ou une battue dans la forêt à la recherche de votre corps.

Sur ce, bonne épreuve et rendez-vous le 21 juin !

Questions

1. Quelle est la durée maximale autorisée pour effectuer le parcours ?
2. Combien de sports sont représentés ?
3. Le ton ironique convient-il à une telle information ?
4. Les conditions de l'épreuve vous semblent-elles abracadabrantes ?

Exercice n° 75

A	B
FORMATIONS ANNÉE 2013	FORMATIONS ANNÉE 2013
Formation 1 : Mme Durand	Formation 1 : Mme Durand
Formation 2 : Mme Durand	Formation 2 : M. Petit
Formation 3 : Mme Durand	Formation 3 : Mlle Dupuis
Formation 4 : Mme Durand	Formation 4 : Mme Martin

Information aux salariés concernant leur plan de formation

La première obligation pour pouvoir bénéficier d'une formation est que cette dernière soit en lien avec les orientations de l'entreprise. Inutile de demander à bénéficier d'un apprentissage de plongée ou d'une formation de ski étant donné que, même si nos structures bénéficient de la richesse que peut apporter un éducateur sportif, les sports de loisirs n'entrent pas vraiment dans nos objectifs. Il vaut donc mieux s'orienter vers des activités qui sont le support de nos prises en charge vis-à-vis de la population infantile que nous accueillons.

Les salariés à contrat à durée déterminée ne seront pas prioritaires pour bénéficier de ces formations et, dans le cas d'un contrat à durée indéterminée, il faudra avoir été dans l'établissement depuis au moins une année à la date de la formation pour que la demande soit prise en compte.

Ceux qui espèrent en bénéficier chaque année ou plusieurs fois au cours de la même année devront patienter en tenant compte de leurs collègues qui peuvent aussi avoir des demandes à formuler. Ce sera donc chacun son tour pour préserver la bonne entente du groupe et éviter ainsi les jalousies. Cette remarque n'est, bien évidemment, valable que pour les formations individuelles, celles concernant l'ensemble du personnel étant, comme leur nom l'indique, ouvertes à tout le monde.

L'équité demande un équilibre sur trois ans entre les différentes catégories professionnelles composant l'équipe, ce que tout le monde comprendra. Les cadres n'ont pas de priorité et ne bénéficient en aucun cas de faveurs quant à la fréquence des formations.

Au niveau du coût financier, en cas d'acceptation de la demande, les indemnités incluent le montant de l'inscription ainsi que les frais de déplacements et d'hébergement dans le cadre fixé par la convention collective de l'établissement (oubliez la première classe en train, les palaces accompagnés de virées dans les restaurants et les boîtes de nuit les plus huppés du lieu de formation).

Questions

1. Certaines catégories professionnelles sont-elles prioritaires par rapport à d'autres ?
2. Peut-on faire une formation transversale (pas forcément liée à l'activité de l'établissement mais pouvant enrichir la pratique) ?
3. L'âge du salarié entre-t-il en ligne de compte ?
4. Le coût financier est-il codifié ?

Exercice n° 76

A

B

Mademoiselle, en tant que secrétaire, vous devrez faire un compte-rendu de la réunion de cet après-midi.
Comme vous êtes nouvellement embauchée et que ce sera votre première expérience de rapporteur de réunion, veuillez trouver en annexe quelques recommandations qui pourraient, il me semble, vous être utiles.
Tout d'abord, il ne s'agit pas de transcrire l'intégralité de ce qui se dit, mais vous devrez faire la différence entre les informations pertinentes et celles qui relèvent du simple domaine de la conversation ou du commentaire. Merci également de ne pas faire répéter les participants systématiquement, essayez donc de taper et d'écouter en même temps.
Il est bien évident que, quoi que vous pensiez de ce que vous entendez, votre avis ou vos réflexions ne doivent en aucun cas apparaître. Vous devez rester complètement neutre, alors même que ce que vous transcrivez vous fait bondir de votre chaise ! Dans la même optique, vous devez rapporter les informations importantes contre lesquelles vous vous insurgeriez au cours d'une conversation informelle et amicale devant la machine à café.
Dans le cas où le sujet ne vous intéresse absolument pas, ce qui est assez fréquent je pense, évitez comme la personne qui vous a précédée dans ce poste de prendre des airs ennuyés en levant les yeux au plafond en signe d'exaspération ou carrément de vous endormir devant votre écran. Merci de ne pas surfer sur le net non plus !
Préciser la date est le premier impératif, titrer le document ensuite, lister les personnes présentes ou absentes, que leur absence soit justifiée ou non, puis diffuser une copie à chaque membre du personnel.
Une réunion ne peut commencer sans la présence du représentant de la Direction qui, lui, à l'inverse, est en droit de décider que les débats peuvent commencer même si certains membres de l'effectif sont en retard, retard qui devra être mentionné.

Le programme de la réunion sera imprimé le matin et vous devrez le diffuser dans les bannettes de courrier de chaque salarié afin qu'il puisse en prendre connaissance avant la pause déjeuner pour que cette dernière soit déjà un temps de réflexion.
J'espère avoir été clair et nous pourrons juger de vos compétences dès demain après-midi, demi-journée systématiquement consacrée aux réunions.

Questions

1. A-t-elle de l'expérience ?
2. À l'aide de quel support prend-elle des notes ?
3. À quel moment de la journée ont lieu les réunions ?
4. À votre avis, doit-elle faire preuve d'un esprit de synthèse ?

Exercice n° 77

A

B

Voici les prévisions météorologiques pour demain, présentées par Monsieur Tempête.

Les pluies et averses orageuses qui sévissent depuis hier dans le sud du pays et qui ont causé le décès de deux personnes, prisonnières de leur véhicule, emportées par le courant d'une rivière en crue, vont continuer aujourd'hui. Donc prudence maximum. Ne sortez de chez vous qu'en cas de nécessité absolue, ne soyez pas tenté d'aller sur la plage pour voir les dégâts. La houle est très forte à cause des vents violents venant de l'ouest avec des rafales pouvant atteindre 100 km/h et vous pourriez être emporté par le courant. Ces annonces ne sont pas alarmistes, un accident est toujours possible (on a pu encore le constater hier, hélas), les événements de ce genre se caractérisant par leur grande imprévisibilité et dangerosité. Des éclaircies sont prévues pour les prochains jours malgré un ciel qui restera chargé.

Au nord, la baisse des températures va transformer la pluie en chutes de neige à la mi-journée. Attention aux plaques de gel qui pourront se former au cours de la nuit si vous êtes obligé de prendre la route à ce moment-là. Commencez à penser à équiper votre voiture de matériel adapté à ce genre d'intempéries.

Dans la région nord-est, on attend quelques centimètres de poudreuse en plaine et des chutes de neige plus abondantes pendant la nuit avec formation de congères en altitude dues aux vents violents et à l'accumulation de neige. Avant de sortir, assurez-vous que les routes sont dégagées afin de ne pas vous trouver coincé dans votre véhicule ou contraint de faire la route à pied, la présence de fortes rafales accentuant la sensation de froid !

Sur le reste du pays, les averses alterneront avec quelques percées du soleil et dès 500 m, les flocons feront leur apparition.

Les températures, jusque-là douces pour la saison, vont chuter de manière significative. On retiendra des maximales comprises entre 14 °C dans le sud et 3 °C dans le nord-est à 15 h pour des minimales de 9 °C et 3 °C à 21 h.

Le soleil se lèvera à 8 h 15 et sera présent jusqu'à 19 h 03.

Bonne soirée à tous !

Questions

1. En quelle saison sommes-nous ?
2. À quel moment de la journée ce bulletin est-il présenté ?
3. Quelles sont les consignes de prudence ?
4. Pensez-vous que les gens sont sensibles à ce genre d'avertissement ?

Exercice n° 78

Vous allez pratiquer une des activités les plus populaires dans le monde du fitness car, comme on y brûle beaucoup de calories, elle permet de maigrir (à condition, bien sûr, de ne pas vider le frigidaire dès la séance finie ou de se précipiter en sortant au salon de thé situé juste à côté !), de se tonifier, d'améliorer sa mémoire (mais si, vous verrez qu'il n'est pas toujours si facile de mémoriser les différents pas et enchaînements de la chorégraphie), la coordination et l'endurance. Si avec tout ça, vous n'êtes pas convaincu, alors, commençons !
C'est simple. Vous vous déplacez en marchant sur et autour du plateau qui est devant vous. Sa hauteur se règle sur trois niveaux. Plus c'est haut, plus c'est dur ! On se contentera aujourd'hui du niveau 1. La difficulté principale est de ne pas garder les yeux rivés sur vos pieds mais de conserver le dos bien droit en me regardant, moi, pour pouvoir suivre les pas. C'est pourquoi nous garderons un rythme lent pour ce premier jour, afin que vous vous habituiez à vous servir du plateau sans trébucher. Les entorses sont rares, mais bon, il vaut mieux se montrer prudent ! Le tempo de la musique est généralement très tonique ; essayez de ne pas prendre trop de retard, sinon vous serez perdue !
Tout le monde est face à son step ?
C'est parti ! Musique !
On monte pied droit, pied gauche, à droite, à gauche !
C'est compris ! On repart !
Droit, gauche, à droite, à gauche ! Mais non, ne confondez pas droite et gauche, sinon vous heurterez votre voisine ! Écartez-vous un peu pour plus de sûreté !
J'explique à nouveau. Une fois le pied droit au milieu du step, bien à plat, vous amenez votre pied gauche à côté, le buste droit, puis vous descendez le pied droit au sol, toujours bien à plat et ainsi de suite, quel que soit le côté du step utilisé.

On essaye encore !
C'est mieux ! Bravo ! Tout le monde fait le petit pas qui permet le changement de pied !
Et maintenant, on bouge les bras, en alternance avec les pieds. Houlà ! Vous avez de grands bras, mademoiselle avec les leggings rouges. Attention de ne pas taper dans le mur.
Plus vite maintenant. Hop ! Hop ! Hop !
Pour une première séance, je vous félicite. Allez vous hydrater, vous l'avez bien mérité !

Questions

1. Ce sport peut-il, à votre avis, se pratiquer seul chez soi ?
2. Existe-t-il des chorégraphies sur internet ?
3. Ce sport demande-t-il des qualités athlétiques particulières ?
4. De grosses baskets sont-elles indiquées ?

Exercice n° 79

Consigne

Lisez bien attentivement le texte qui va suivre. Il est court, certes, mais demande un gros effort de concentration pour établir tous les liens logiques entre les différents éléments et réussir ainsi à se représenter l'image finale.

« Tracer un triangle isocèle à l'intérieur d'un carré de telle façon qu'ils aient un côté commun.

Une des pointes du triangle se positionne au milieu du côté supérieur du carré. Deux nouveaux triangles, plus petits, seront ainsi créés. À partir du point médian sur le côté commun entre le triangle et le carré, tracez une verticale qui rejoindra le sommet du triangle. Dessinez une ligne droite qui sera perpendiculaire à la base passant par le sommet des deux petits triangles qui sont aussi les angles supérieurs du carré. »

Questions

1. Combien de triangles avez-vous en tout ?
2. Combien de paires de triangles identiques avez-vous ?
3. Combien de droites perpendiculaires avez-vous ?
4. Essayez de faire cet exercice en mémorisant les consignes au préalable.

Exercice n° 80 ◈

A

B

Si un enfant qui nait sur cent cinquante est atteint d'autisme, il est bien évident qu'une information est nécessaire auprès des parents et personnels concernés par la prise en charge de ce handicap.

Longtemps considérées en France comme un trouble du ressort de la psychanalyse, les méthodes comportementalistes sont aujourd'hui utilisées dans nombre de services de soins dédiés à ce trouble envahissant du développement.

Ces troubles du développement associés à l'autisme sont de trois ordres.

D'abord des troubles des interactions sociales avec une apparente indifférence à autrui caractérisée par un défaut de contact oculaire et physique. Un enfant autiste ne s'intéresse que très peu aux autres, ne joue pas avec les autres élèves dans la cour de récréation.

Y sont associés des troubles de la communication verbale ou non verbale, avec un langage souvent écholalique (il répond à une question qu'on lui pose en répétant cette même question), une absence de pointage (il ne montre pas les objets qu'on lui désigne) et surtout un trouble de la compréhension qui fait qu'il reste souvent sur un mode de communication stéréotypée, ayant de ce fait du mal à se faire comprendre également.

Des troubles du comportement sont associés aux précédents avec des mouvements inhabituels, une intolérance au moindre changement, que ce soit dans son emploi du temps ou dans l'agencement des meubles dans une pièce, et aussi l'utilisation des autres comme des objets et non en tant que personnes (prendre la main de l'autre pour l'aider à attraper un objet).

Ces troubles sont variables dans leur gravité mais nécessitent une prise en charge globale adaptée qui doit se faire le plus tôt possible dans la vie de l'enfant, d'où l'importance d'un diagnostic précoce, avant 6 ans si possible, âge moyen de dépistage actuel. Car un enfant atteint d'autisme aura besoin d'aide à toutes les étapes de sa vie et l'intégration dans le milieu scolaire ordinaire suppose des accompagnements dès la petite section de maternelle pour pouvoir avoir accès à une scolarité normale.

Questions

1. Combien de types de troubles sont liés à l'autisme ?
2. La communication est-elle atteinte ?
3. Sont-ils attentifs à autrui ?
4. Pensez-vous que le dépistage soit assez précoce en France ?

Corrigés

Exercice n° 53

A

1. Vingt-six. **2.** Non. **3.** Non. **4.** Oui.

Exercice n° 54

A

1. Oui. **2.** Non. **3.** Non. **4.** Oui.

Exercice n° 55

B

1. Six. **2.** Quinze. **3.** Oui. **4.** La fatigue.

Exercice n° 56

Itinéraire n° 1.

Exercice n° 57

B

1. Non. **2.** Non. **3.** Non.

Exercice n° 58

1. Non. **2.** Coloriage, agencement. **3.** Non.

Exercice n° 59

B

1. Non. **2.** Oui.

Exercice n° 60

A

1. Oui. **2.** La voie phonologique.
3. Les mots inconnus.

Exercice n° 61

B

1. Faire du pain. **2.** Oui. **3.** Non.

Exercice n° 62

B

2. Oui. **3.** Dynamisme, bonne présentation, bilinguisme.

Exercice n° 63

A

1. Amener à boire. **2.** Oui. **3.** Deux heures.

Exercice n° 64

A

1. Non. **2.** Oui. **4.** Non.

Exercice n° 65

B

1. Non. **2.** Oui. **3.** Non.

Exercice n° 66

B

1. Oui. **2.** Non. **3.** Non.

Exercice n° 67

A

1. Non. **2.** Non. **3.** Non.

Exercice n° 68

A

1. Croiser les patins en levant le pied gauche, le faire passer devant le pied droit, le poser à côté de ce dernier. **2.** Oui. **3.** Descendre le centre de gravité du corps.

Exercice n° 69

A

1. Hauteur, intensité, durée. **2.** Oui. **3.** La posture, les mots.

Exercice n° 70

A

1. Amateur/professionnel. **2.** Oui. **3.** Oui. **4.** Oui.

Exercice n° 71

A. Bleu, rouge, vert, noir.

Exercice n° 72

1. Non. **2.** Les verbes d'action. **3.** Non. **4.** Oui.
Ordre d'énoncé : prêter, admirer, rendre, utiliser.
Ordre chronologique : admirer, prêter, utiliser, rendre.

Exercice n° 73

A

1. Genre des films d'action. **2.** Non. **3.** Non. **4.** Non.

Exercice n° 74

A

1. Quatre heures. **2.** Trois. **3.** Non.

Exercice n° 75

B

1. Non. **2.** Non. **3.** Non. **4.** Oui.

Exercice n° 76

B

1. Non. **2.** Un ordinateur. **3.** L'après-midi.

Exercice n° 77

A

1. En hiver. **2.** Le soir. **3.** Rester chez soi, équiper sa voiture.

Exercice n° 78

A

1. Oui. **2.** Oui. **3.** Non. **4.** Non.

Exercice n° 79

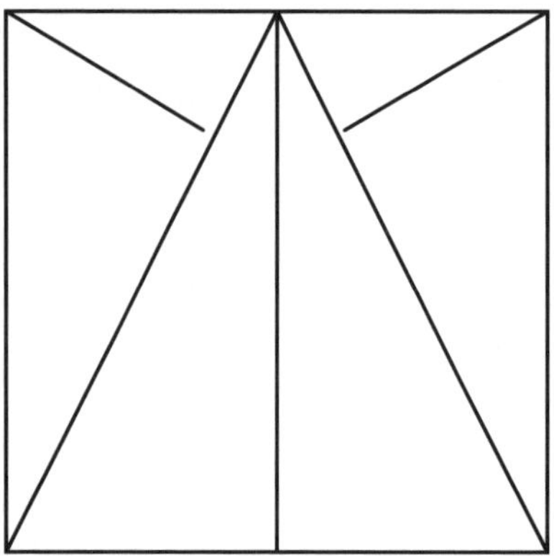

1. Six. **2.** Trois. **3.** Trois.

Exercice n° 80

B

1. Trois. **2.** Oui. **3.** Non.

Chapitre 5

Textes argumentatifs

Exercices n° 81 à 100

Exercice n° 81

A

B

Ce pays dont nous sommes, vous et moi, des citoyens ordinaires (« surtout vous d'ailleurs », pensa-t-il *in petto*), dont les richesses sont le résultat d'un dur labeur de la part de ses travailleurs si méritants (« ce n'est sûrement pas moi qui ai le plus travaillé dans cette salle »), ce pays, dis-je, mérite mieux que les responsables politiques actuels (« que vous avez élus vous-mêmes d'ailleurs, mais, ça, quand même, je ne peux pas le leur dire ! »).
Aujourd'hui, l'occasion vous est donnée de changer votre avenir en changeant de président !
(« Le meilleur, c'est moi ! »)
Mon programme ne peut que vous satisfaire (« il a été concocté par mes subordonnés dans ce seul et unique but »), il répond parfaitement aux besoins que font apparaître les dernières enquêtes d'opinion et vous ne pouvez qu'y adhérer sans restriction.
Mon passé montre combien je peux me montrer efficace (« n'insistons pas trop là-dessus ! »), je tiens toujours mes promesses (« ça n'engage à rien de le dire, de toute façon, tout le monde sait bien que c'est une utopie, alors pourquoi s'en priver ? »), je m'investirai totalement dans ma nouvelle charge en cas de victoire électorale (« ben là, franchement, je suis sincère ! »).
Votez pour moi ! Vous ne le regretterez pas ! (« non, non, je vous assure ! »)

Questions

1. Ce discours politique est-il réaliste ?
2. Ce texte de type argumentatif a-t-il une chance de persuader un seul électeur ?
3. Que représentent les phrases entre guillemets : de la pensée ou du discours oral ?
4. Pensez-vous qu'il soit nécessaire de rajouter la mention : « Toute ressemblance avec un personnage réel serait le fruit du plus grand hasard ».

Exercice n° 82 ◈

A	B
RACHAT DE CRÉDIT	RACHAT DE CRÉDIT
Points à vérifier	Venez nous voir !
Baisse du taux d'emprunt	
Rachat de crédit	
Frais afférents	
Pénalités éventuelles de remboursement	
Souscription de nouvelles garanties	
Souscription d'une nouvelle assurance	
Frais de dossier	
Vérification d'une hypothèque	
Montant du capital	

Il y a quelques années, vous avez acheté la maison que vous occupez actuellement en contractant un prêt immobilier à taux fixe de 5 % auprès de la banque dans laquelle vous êtes client depuis dix ans et qui gère la quasi-totalité de vos avoirs financiers. Ceux-ci, sans atteindre un montant qui vous vaudrait d'être dans les cent premiers résidents les plus riches de votre pays, représentent quand même un bel effort de votre part et quelques sacrifices concernant essentiellement les vacances d'hiver que vous avez passées, certes devant un feu de bois, mais loin des cimes enneigées puisqu'il fallait bien continuer de rembourser ces maudites échéances.
Mais les marchés financiers étant on ne peut plus fluctuants, voilà que les taux de l'emprunt ont récemment baissé à moins de 4 % et qu'à moins d'être complètement obtus ou généreux, il vous semble qu'une demande de renégociation de votre prêt serait très judicieuse et vous permettrait de faire de substantielles économies, pour profiter, par exemple, des premières neiges qui s'annoncent.
Votre banquier n'est pas un philanthrope, sinon il n'occuperait pas ce poste, et votre demande a donc de fortes chances de ne pas aboutir.
Quel recours vous reste-t-il ? Notre établissement !
On vous y propose un rachat de crédit, au taux du marché actuel. Évidemment, il y a des frais détaillés ci-dessous, mais vous resterez bénéficiaire. À part ça, aucune autre dépense n'est à prévoir.
Vérifiez quand même si vous avez des pénalités de remboursement prévues dans le contrat.
Il faudra souscrire à de nouvelles garanties et assurances, les anciennes devenant caduques lors d'une renégociation et régler des frais de dossier.
Si votre bien a été hypothéqué par l'organisme bancaire initial, des frais supplémentaires sont à envisager.
Cette opération est valable car il y a un différentiel de 0,5 % entre les deux taux, et votre capital encore dû est supérieur à 100 000 € alors que vous êtes dans les premières années de remboursement.
Alors, n'hésitez pas, on vous attend !

Questions

1. Quand une renégociation devient-elle intéressante ?
2. Vous semble-t-il y avoir un piège ?
3. Devra-t-il changer de banque ?
4. À votre avis, est-ce une bonne idée ?

Exercice n° 83

A B

Règles communes de fonctionnement

Elles servent à améliorer les relations professionnelles au sein du service, et le groupe de travail précédemment constitué pour leur élaboration veillera à leur application.

Organisation des réunions

• Afficher l'ordre du jour par hiérarchie de priorité, tout en sachant que, si on ne peut tout traiter en une seule séance, on partira quand même à l'heure, donc inutile de fixer la pendule d'un air hagard ou de consulter son téléphone portable toutes les trente secondes. Ce qui ne sera pas fait cette fois attendra la réunion suivante !
• Ne pas se perdre dans des discussions parallèles où tout le monde parle en même temps sans écouter l'autre. Éviter de parler en catimini à son voisin en ricanant bêtement, c'est très désagréable !
• Essayer de garder un ton courtois, ou au minimum poli, pour que l'interlocuteur ne se sente pas agressé verbalement.
• Rester concentré sur le sujet. Pour cela, bien savoir auparavant de quoi on veut parler et préparer son discours en détail. Revenir en arrière nuit à la cohérence et à la qualité d'écoute.
• Éviter d'aborder des sujets trop personnels en grand groupe. Cela ne concerne que très rarement l'ensemble des participants et se transforme le plus souvent en règlement de compte vis-à-vis de la direction avec le soutien implicite de l'équipe.
• Se faire une grille horaire pour les différents points à aborder, la respecter est une autre affaire mais on peut toujours essayer.

Relation direction/salariés

C'est là que les ennuis commencent !
• L'équipe doit comprendre que la direction est là, **et bien là**, pour diriger, décider, arbitrer, contrôler, informer (mais si, mais si, n'en déplaise à certains), et pas seulement pour distribuer des bons points et des félicitations à longueur de temps ! Que les membres de l'équipe travaillent bien, cela va de soi, vous avez été embauchés pour ça.

• Les rencontres entre direction et salarié se font de manière formelle une fois par semaine durant la réunion générale du vendredi. Elles peuvent se faire en individuel dans le bureau directorial pour aborder des sujets personnels ou subir des remontrances. Ne pas se faire tirer les oreilles devant tout le monde devant la machine à café est une revendication **prioritaire**. Cependant, certains sujets peuvent être abordés dans n'importe quel lieu, s'ils ont trait à la transmission d'une information brève et pouvant être entendue par tous.

Conclusion

Si tout le monde y met du sien et se montre respectueux de l'autre, ça devrait pouvoir s'améliorer. Étant donné l'ambiance actuelle, ça ne peut guère se détériorer plus !

Questions

1. Pourquoi a-t-il fallu écrire ces règles de fonctionnement ?
2. Le cadre immobilier du travail est-il en cause ?
3. Quel est le point de friction le plus important ?
4. Pensez-vous que des règles de fonctionnement puissent être rédigées ainsi ?

Exercice n° 84

A

B

Le gâteau de l'orthophoniste

Ce dernier vous permettra de vous consoler si les exercices de compréhension de textes vous paraissent un peu difficiles ou de vous motiver, cela dépend de votre degré de gourmandise.

Ingrédients

Pour une demi-douzaine de personnes.
Préparation : ¼ d'heure.
Temps de cuisson : ¾ d'heure.
5 œufs
150 g de sucre en poudre
50 g de cacao amer
100 g de farine + farine pour le moule
100 g de fécule de pomme de terre
½ sachet de levure chimique
100 g de beurre + beurre pour le moule
1 pincée de sel
Du sucre glace pour la décoration
Casser les œufs en séparant les deux éléments. Ne pas oublier d'enlever la coquille !
Fouetter les jaunes avec le sucre en poudre jusqu'à ce que le mélange blanchisse et fasse un ruban avec le fouet.
Sans cesser de fouetter, ajouter le cacao en pluie.
Après avoir mélangé la farine, la fécule et la levure, y ajouter la préparation précédente de la même manière en tournant avec une cuillère en bois.
Faire fondre la matière grasse et l'ajouter au mélange déjà obtenu.
Battre les blancs en neige fermement avec la pincée de sel puis incorporer à la préparation.

La verser dans un moule de la forme de votre choix, beurré et fariné.
Faire cuire l'ensemble 40 minutes à four préchauffé (180°, th. 6). Au terme de la cuisson, la lame d'un couteau que vous aurez plongée dans la pâte devra en ressortir légèrement enduite.
Laisser refroidir avant de démouler et décorer.

Questions

1. Quel est le temps de cuisson en minutes ?
2. Quel est le nombre d'étapes nécessaires à la réalisation de ce gâteau ?
3. À quoi sera-t-il parfumé ?
4. À votre avis, cette réalisation est-elle onéreuse ?

Exercice n° 85

A

B

Voici le mode d'emploi de cette crème nourrissante pour cheveux, concoctée à partir de plantes rigoureusement sélectionnées mais dont l'origine reste inconnue. Mais faites-nous confiance, tout a été pensé pour votre sécurité et pour un maximum de bénéfice de part et d'autre.

Si vos cheveux sont secs, c'est qu'ils manquent de lipides. Donc ils ne sont plus protégés des agressions extérieures naturelles ou pas et deviennent très vilains, ternes, cassants, difficiles à démêler. Le cuir chevelu n'échappe pas à ce schéma, il démange et tiraille, par manque d'eau.

Il faut faire quelque chose de toute urgence ! Nous sommes là !

L'ingrédient principal qui compose notre baume est connu depuis la nuit des temps et son efficacité n'est plus à prouver. On le trouve bien entendu dans des pays lointains au niveau de vie plutôt médiocre, ainsi il ne nous coûtera pas trop cher et notre produit restera accessible à vos finances, aussi modestes soient-elles, car il est distribué dans tous les centres de grande distribution habituels.

Après vous être lavé et essoré les cheveux, répartir la crème, mèche par mèche, en étant attentif à la bonne pénétration du produit. Laisser agir cinq minutes, c'est bien ; si vous en avez assez d'attendre en étant probablement un peu mouillé, vous pouvez réduire le temps à deux minutes. Le laps de temps choisi étant écoulé, rincer abondamment, car laisser du produit équivaudrait à fragiliser les cheveux encore plus.

Voilà, c'est fini ! À refaire de manière bihebdomadaire.

Questions

1. Quelle est la fourchette de temps de pose ?
2. Les informations concernant le produit vous paraissent-elles suffisamment informatives ?
3. Le mode d'emploi est-il assez détaillé ?
4. À votre avis, ce genre de produit est-il indispensable à la vie quotidienne ?

Exercice n° 86

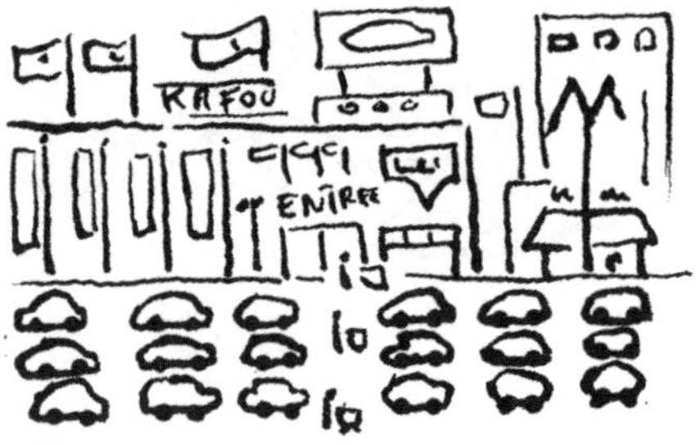

A

B

Dans leur troisième long métrage, les frères Pellicule et Bobine continuent d'explorer les conditions de vie des gens vivant plus ou moins en marge de la société. On retrouve ici les qualités qui nous ont tant plu dans leurs quatre productions précédentes. On ressent toujours cette même énergie. On reste admiratif de leur inventivité visuelle. Leur humour noir ne se dément jamais.
Le contraste entre la banalité universelle d'un décor (un centre commercial périurbain comme on en trouve partout dans le monde, complètement impersonnel) et la densité des personnages pour lesquels ce même lieu est synonyme de réconfort ou du moins d'endroit connu dont les moindres recoins sont autant de jalons et de repères rassurants, empêche toute lourdeur ou tout ennui.
Le fait de travailler toujours avec les mêmes professionnels renforce l'impression familiale et certains, pourtant très célèbres, s'en donnent visiblement à cœur joie et surjouent dans le burlesque.
Les deux personnages principaux, respectivement interprétés par Comédien et Acteur sont l'occasion de vérifier que ce dernier nous surprendra toujours par l'intensité qu'il déploie dans son jeu ; mais Comédien nous livre là une prestation d'une justesse et d'un ressenti qu'il n'avait jamais atteints jusqu'alors.
On en sort avec des sentiments partagés. La grande jubilation que donne un spectacle de cette qualité, la bonne humeur puisque c'est très drôle mais aussi l'impression d'inutilité de toute révolte : c'est sans espoir et sans illusions.
À voir absolument.

Questions

1. Quelles sont les qualités des productions des frères Pellicule et Bobine ?
2. De quel spectacle s'agit-il ?
3. La critique est-elle plutôt positive ou négative ?
4. À votre avis, a-t-on envie d'aller voir ce spectacle ?

Exercice n° 87

A B

Vous êtes jeune et dynamique, vous avez un emploi stable et le salaire qui va avec. Votre épouse, qui a le même profil professionnel que vous, est charmante et vos deux enfants (un garçon et une fille respectivement âgés de 3 et 6 ans sont deux adorables bambins dont vous n'entendez que des louanges) complètent ce tableau de famille idéale.
Seulement voilà, la multinationale qui vous emploie tous deux, si elle vous garantit votre situation présente, peut à tout moment décider de vous muter loin de votre lieu de résidence actuel. C'est pourquoi vous hésitez beaucoup à vous laisser tenter par un achat immobilier de peur de devoir déménager rapidement, revendre votre bien tout aussi vite sans savoir si ce ne sera pas à perte, tant les transactions sont fluctuantes.
Ne vous faites pas de soucis ! Nous avons bien évidemment la solution à votre problème !
En effet, dans le cas où vous nous achetez un appartement, nous vous garantissons sa valeur pendant cinq ans à compter de la livraison du bien.
Qu'est-ce que cela signifie ?
Cette clause vous permet de bénéficier d'une assurance, incluse dans le contrat d'achat, qui vous garantit contre une éventuelle moins-value, c'est-à-dire la différence entre le prix d'achat et le prix de revente.
Cette offre est valable à hauteur de 20 % du prix d'achat dans la limite de 35 000 €, réservée aux primo-accédants, hors autre promotion, valable cette année à partir du 1er janvier jusqu'au 31 décembre dans le cas d'un achat en couple. Si vous êtes seul(e), tant pis pour vous, ou alors trouvez quelqu'un rapidement !

Questions

1. Si vous achetez un bien de 400 000 €, cette offre est-elle toujours aussi intéressante ?
2. Y a-t-il un mot dont vous avez intérêt à bien connaître le sens pour comprendre l'intégralité de la proposition ?
3. Est-ce que cette garantie sera applicable dans 100 % des cas ?
4. Cette publicité vous inspire-t-elle confiance ?

Exercice n° 88

A

B

Waouh ! Quatre médailles d'or pour la natation nationale aux Jeux olympiques ! Il est temps d'apprendre à nager afin d'être prêt pour les prochaines olympiades. Surtout qu'elles auront lieu sur un continent qui fait rêver.

Vite, une petite recherche sur internet et voilà, une méthode pour savoir nager comme un poisson.

La première leçon consiste à se familiariser avec le milieu aquatique.

Ah bon ! Il faudra aller à la piscine !

Que faut-il faire ?

Pour vaincre l'appréhension ou la peur que l'eau vous inspire, vous devez atteindre le fond du bassin de plusieurs façons, d'abord avec les mains (vous pouvez laisser tomber au fond de l'eau un objet auquel vous tenez particulièrement, ça vous motivera pour aller le chercher), ou en essayant de vous asseoir au fond de l'eau en vous lestant d'un poids si nécessaire (exactement comme dans les films de truands, quand les méchants jettent leur victime dans le fleuve le plus proche, mais, rassurez-vous, le lestage sera plus léger, il n'est en aucune façon question de vous entortiller dans du fil de fer barbelé avec un poids de cinquante kilos en ciment aux pieds). Restez calme, en cas de problème, on ira vous récupérer.

Pour la respiration, c'est enfantin ! Ouvrir la bouche sous l'eau vous permettra de vous familiariser avec la sensation de « boire la tasse », respirer en nageant supposant d'accepter d'avoir de l'eau dans la cavité buccale. L'étape suivante vous verra la tête sous l'eau en train de faire des bulles. Surtout, ne jamais bloquer sa respiration, que ce soit en phase inspiratoire ou expiratoire, sinon vous ne pourrez pas avancer.

Ouh là là !

Tout ce que je n'aime pas se trouve réuni dans le premier quart d'heure de la première leçon. Moi qui ai déjà peur de me noyer dans ma baignoire ! Ce sport n'est pas pour moi !

Je vais tenter de m'initier au judo. Là aussi, on peut récolter des médailles.

Questions

1. Une profondeur de cinquante centimètres vous semble-t-elle suffisante ?
2. La méthode vous semble-t-elle efficace ?
3. La personne qui parle a-t-elle la phobie de l'eau ?
4. Peut-on prétendre aller aux Jeux olympiques en se préparant seulement pendant quatre ans ?

Exercice n° 89

ASPECTS POSITIFS	ASPECTS NEGATIFS

A

TOUS LES ASPECTS DE LA QUESTION SONT POSITIFS

B

Ne pas avoir la télévision chez soi est aujourd'hui une situation rare. Ce qui l'est moins, c'est d'en avoir plusieurs par foyer, chaque pièce de la maison en étant équipée, chambres et cuisine comprises.
La regarder est une activité universelle qui reste probablement la plus partagée au monde.
Il est en effet intéressant de pouvoir avoir accès à l'information en continu pour plein de bonnes raisons. D'abord être au courant de tout ce qui se passe en temps réel mais aussi de ce qui a pu se produire à n'importe quelle période de notre ère. Les documentaires sont des sources de savoir et la multiplicité des chaînes permet à chacun de trouver un intérêt personnel. Toutes les retransmissions sportives ou autres, de grande envergure, si elles sont gratuites, permettent à des milliers de gens de se passionner pour des exploits ou des événements qui leur seraient inaccessibles sans cela. Il est en effet difficile pour la plupart de se rendre aux Jeux olympiques, aux courses de Formule 1, d'assister à des mariages princiers ou de suivre le défilé du 14 juillet.
Voir un film tranquillement assis sur son canapé est aussi un plaisir confortable apporté par la télévision et permet de se retrouver en famille, si tant est que tout le monde aime le même genre.
C'est une distraction appréciable en cas d'impossibilité de pouvoir sortir de chez soi pour quelque raison que ce soit.
Mais ces aspects positifs supposent un choix de la part du spectateur, qu'il reste un acteur et ne soit pas passif, prisonnier du petit écran, plat ou même en 3D.
Ne pas subir la machine, c'est là tout l'enjeu et la source de nombreuses polémiques. L'abrutissement est en effet souvent évoqué comme principal inconvénient, quand l'individu en reste à visualiser tout ce qui est proposé, sans aucun discernement ni analyse. Cette addiction peut alors devenir un facteur d'isolement plus qu'une ouverture sur le monde. Comme c'est une activité qui bizarrement donne faim, le surpoids guette. Le scintillement peut provoquer, à haute dose, des troubles visuels. Il faut donc savoir choisir, et ne pas se laisser entraîner dans des marathons télévisuels, un peu comme pour la consommation d'alcool : deux programmes, ça va, trois, bonjour les dégâts !

Questions

1. Quels sont les arguments positifs ?
2. Quels sont les arguments négatifs ?
3. Pensez-vous être un accro de ce mode de loisir ?
4. Pourriez-vous vous en passer ?

Exercice n° 90

A B

Vous voilà partis sur l'autoroute des vacances, votre petite famille confortablement installée dans votre véhicule, les enfants captivés par le film qu'ils peuvent visionner à l'arrière, votre femme somnolant gentiment à côté de vous, ce qui lui évite de faire des remarques incessantes sur votre façon de conduire ou sur celle des autres usagers de la route. Même le chien, tout guilleret après s'être dégourdi les pattes sur l'aire de repos au moment de la pause-déjeuner, fait sa sieste dans son panier. La circulation est fluide, vous avez bien eu raison de partir un jour plus tard, et ce soir, vous serez les pieds dans l'eau !

Mais tout à coup, un voyant rouge s'allume sur le tableau de bord ! Zut, alors ! Il ne manquait plus que ça ! La voiture ralentit d'elle-même et une âcre odeur de caoutchouc brûlé envahit l'habitacle.

Pas de panique !

Rangez-vous immédiatement sur la bande d'arrêt d'urgence en prenant bien garde d'allumer vos feux de détresse et coupez le moteur.

Rassurez votre famille dont le calme va disparaitre face à cette situation inattendue et stressante.

Enfilez votre magnifique gilet de sécurité fluorescent et dites aux autres de vous imiter.

Vous ne devez en aucun cas descendre du côté conducteur, ce serait bien trop dangereux vu la circulation. Tous les occupants doivent quitter le véhicule par la droite, y compris l'animal qui devra être solidement attaché à une laisse.

Vous ne pouvez en aucun cas appeler le garagiste de votre choix mais vous devez vous diriger vers la borne SOS la plus proche, il en existe tous les deux kilomètres, et elles sont signalées tous les cinq cents mètres. Pour cela, marchez derrière les barrières de sécurité après avoir sommé les autres passagers d'y stationner jusqu'à votre retour.

Arrivé à la borne, appuyez sur le bouton comme indiqué et un contact vous répondra. Vous devrez lui décrire votre situation géographique de façon précise afin qu'il puisse vous envoyer un véhicule de dépannage le plus rapidement possible, au plus tard dans la demi-heure qui suit votre appel. Le dépannage ne peut excéder le même laps de temps et sera suffisant si la panne est bénigne. Dans le

cas contraire, votre véhicule sera remorqué au garage de votre choix. À vous de faire les démarches téléphoniques nécessaires avec votre assureur.
Pour votre sécurité, ainsi que celle de vos proches, merci de suivre ces consignes. Nous espérons que cela ne gâchera pas des vacances idéalement commencées et nous vous souhaitons une bonne route dès que vous pourrez repartir !

Questions

1. Sait-on si la voiture avait fait l'objet d'une révision avant le départ ?
2. Sait-on de quelle panne il s'agit ?
3. À quel moment de la journée la panne se produit-elle ?
4. À votre avis, sont-ils près ou loin de leur destination finale ?

Exercice n° 91

A

B

Se passionner pour les exploits des sportifs engagés dans des compétitions aussi variées que difficiles, en groupe ou individuellement, à l'extérieur ou en salle, avec ou sans ballon, muni ou pas de matériel ajouté, dans l'eau ou sur terre, faisant intervenir un animal ou non, est un sport qui se pratique le plus souvent sur le canapé du salon, un verre de soda et des chips à portée de main.
Mais la pratique sportive s'est beaucoup développée pour les néophytes que nous sommes et, à l'école comme dans de multiples clubs, des milliers de gens s'entraînent sans pour autant caresser le rêve olympique, ce qui n'empêche pas le goût de la performance ou simplement le désir de bien-être, même si l'on ne devient pas un athlète de haut niveau pour autant.
Il est vrai que la valeur éducative et sociale d'une pratique sportive n'est plus à prouver.
Se respecter soi-même, ainsi que les autres et les règles auxquelles on doit se soumettre, permet de développer une éthique personnelle. Pratiquer un sport, même individuel, ne se fait pas sans rencontrer d'autres personnes qu'on découvrira et dont on acceptera les différences. Mieux se connaître soi-même, cerner ses limites dans l'effort est un aspect positif de cette pratique. L'hygiène de vie qui normalement accompagne toute activité sportive a une incidence non négligeable sur la santé et on n'en finit pas de signaler et de décrire tous les bienfaits prophylactiques du sport sur des pathologies aussi dangereuses que variées allant des atteintes cardio-vasculaires aux risques d'obésité en passant par le diabète, le cholestérol ou l'ostéoporose. Le développement des muscles est favorisé par la pratique sportive et permet de réguler l'indice de masse corporelle. Le corps est plus souple, le souffle moins court.
Mais toute pratique doit commencer par une surveillance attentive de ses réactions à l'effort si bien qu'une visite médicale préalable s'impose. Il s'agit aussi de pratiquer un sport à sa portée, le saut à la perche n'étant pas forcément celui

par lequel on devra débuter. Il faut être patient et ne pas espérer faire des performances de niveau national dans les premiers mois, si tant est que ce soit une possibilité ! Insister au-delà de ses forces n'est pas non plus une bonne idée, car une fois que les genoux ou le dos ont déclaré forfait, il est impossible de revenir en arrière. Prudence donc !

En conclusion, il faut pratiquer selon son rythme, ne pas se lancer dans un pédalage forcené après le Tour de France ou dans un marathon suite aux Championnats du monde d'athlétisme. En respectant ces règles de simple bon sens, vous ne retirerez que des bienfaits de votre engagement sportif.

Questions

1. Citez trois avantages à la pratique sportive.
2. La croissance chez un adolescent doit-elle inciter à la prudence dans la pratique d'un sport ?
3. Pensez-vous que le dopage existe chez les amateurs ?
4. À votre avis, quels sont les sports les plus pratiqués dans les écoles : athlétisme, natation, sports de combat ou sports collectifs ?

Exercice n° 92

A B

Avec notre produit liquide dont la bouteille trône au milieu de la page que vous êtes en train de regarder (et on espère même que vous allez la lire), chaque plat est un régal (si si, soyez-en convaincu !).
Osez l'utiliser (ce qui veut dire qu'au préalable, vous l'aurez acheté) !
Son ingrédient principal apportera à tous vos plats ce goût d'amertume très prisé de tous les amateurs de bonne cuisine (puisqu'on vous le dit !).
Alors que jusque-là, il était surtout connu, et ce depuis fort longtemps, pour sa participation à l'élaboration du café de fin de repas, notre produit, comme on vient de s'en apercevoir, révèle les saveurs les plus cachées de tous vos plats. Finis les poissons au goût dominé par les aromates dont vous les avez plus que généreusement saupoudrés avant la cuisson (quand il ne faut pas les faire mariner pendant 24 h) ; oubliés les blancs de volaille dont on se demande si les unités, élevées serrées les unes contre les autres, sans jamais voir la lueur du jour, ressemblent encore à un poulet, à une dinde, ou à des morceaux de caoutchouc !
Original !
La recette de la poule au pot du dimanche du bon roi Henri IV est complètement revisitée.
Quelques gouttes, et un vrai régal vous attend !
Qu'attendez-vous pour essayer notre super produit ?

Questions

1. Comment appelle-t-on ce genre de texte qui veut vous convaincre d'acheter un produit ?
2. Même si le nom du produit était signalé, pensez-vous que les arguments sont assez précis pour être pertinents ?
3. Quel est le but essentiel de l'annonceur ?
4. L'utilisation première de ce produit est-elle celle-là ?

Exercice n° 93

A B

« D'abord, j'arrête quand je veux. »
« De toute façon, c'est trop tard, les dégâts dans mon organisme sont irréversibles. »
« Je vais prendre des kilos. »
Ce genre d'arguments parmi tant d'autres font partie de ceux avancés par les fumeurs pour justifier leur addiction qui, chacun le sait, n'est pas bonne pour la santé.
Or, les conséquences de l'arrêt de la cigarette sont bénéfiques, quel que soit l'âge du patient, même si elles sont d'autant plus efficaces que le patient est jeune. Et si on ne fume pas, c'est encore mieux.
Le poids par exemple. C'est une idée couramment répandue que le fait de ne plus fumer s'accompagne obligatoirement d'une prise de poids. Or, cela se vérifie dans 25 % des cas seulement et dans des proportions acceptables.
Par contre, les risques cardio-vasculaires, eux, diminuent considérablement pour être au niveau des non-fumeurs au bout de dix ans d'abstinence.
Et que dire de votre petit cœur qui peut enfin se reposer, déjà vingt minutes après la dernière cigarette. Ne pas oublier qu'il bat sans arrêt, celui-là, depuis le moment de la naissance jusqu'à celui de la mort, alors autant faire preuve d'un peu de mansuétude envers lui pour qu'il ne se lasse pas prématurément de faire son travail !
Vos poumons vous en seront reconnaissants également, car le monoxyde de carbone n'est pas ce qu'ils préfèrent. Votre capacité pulmonaire connaîtra une nette amélioration et ils seront mieux à même de résister à certaines infections et à la pollution.
Votre teint perdra cette teinte grisâtre qui n'est pas toujours signe de bonne santé.
Après quinze ans d'effort non-stop, vous aurez rejoint la cohorte des non-fumeurs quant à la durée de votre espérance de vie.
Il n'y a donc que des bonnes nouvelles, accompagnant l'abandon de la cigarette, la mauvaise étant d'avoir perdu une chère amie qui vous soutenait dans les

moments difficiles et vous permettait d'avoir une attitude détendue et de savoir quoi faire de vos mains et de votre temps. Et puis c'était quand même un vrai plaisir, malgré son coût et tout ce qui a été dit précédemment[1] !

Questions

1. Vous sentez-vous concerné par ce débat ?
2. Connaissez-vous le prix moyen d'un paquet de cigarettes ?
3. La cigarette a-t-elle une incidence sur la qualité acoustique de la voix ?
4. Quels sont les principaux risques liés au tabac ?

1. Ceci est un exercice de compréhension de lecture et ne prétend en aucun cas avoir de valeur scientifique concernant les aspects négatifs ou positifs de l'usage de la cigarette !

Exercice n° 94 ◈

A	B
PROFITEZ DES BONS PLANS DE VOTRE C.E. 10% de réduction sur votre prochain spectacle	**ALLEZ VISITER UN MUSEE AVEC VOTRE C.E.** C'est gratuit !!!

Le comité d'entreprise de votre établissement vous propose de nombreuses opportunités à des prix défiant toute concurrence (vous ne trouverez JAMAIS moins cher ailleurs) dans des domaines multiples et variés.
Vous avez envie de visiter un parc ou un musée ? Des réductions pouvant aller jusqu'à 74 % sont possibles.
Un spectacle vous intéresse ? N'importe où en France ? Vous pouvez choisir parmi plus de 125 000 dates, dans de multiples catégories (one-man-show, variétés, festivals...), avec des réductions de 10 % en moyenne.
Un cadeau à faire ? Des bons d'achat sont mis régulièrement à votre disposition et peuvent être utilisés pour toute une palette de produits.
Nos tarifs préférentiels peuvent concerner des domaines comme le sport, le bien-être, la beauté et la santé mais aussi la détente, le cinéma ou des achats d'électro-ménager. Partez en vacances avec nos promotions, en France ou ailleurs, pendant les congés scolaires ou en dehors, été comme hiver, et bénéficiez de réductions pouvant atteindre 50 % sur certains séjours.
Pour commander, rendez-vous sur notre site et suivez le guide.
Si vous êtes déjà inscrit, après vous être connecté avec votre identifiant et votre mot de passe, profitez de nos offres. Sinon, créez votre compte à partir des coordonnées fournies sur votre carte d'adhérent.
Si vous ne voulez pas passer par le réseau en ligne, téléphonez-nous. Nous sommes à votre écoute les cinq jours ouvrables de 9 h 30 à 17 h 30 au numéro indiqué.
Vous pouvez payer par carte bancaire (dans ce cas, le paiement peut être échelonné en trois fois), ou par chèque mais votre commande ne sera alors validée qu'à sa réception. Si votre comité d'entreprise vous a ouvert un compte en ligne, vous utilisez directement votre subvention soit par ce canal, soit par téléphone en fournissant au conseiller qui vous répondra les détails de votre situation.
La livraison de votre commande se fera soit par courrier postal, soit par e-billet, selon l'option choisie.

Questions

1. Combien de domaines sont investigués par le CE ?
2. Quel est l'avantage principal ?
3. La carte d'adhérent permet-elle d'ouvrir un compte sur internet ?
4. À votre avis, ce genre d'avantage existe-t-il dans toutes les entreprises ?

Exercice n° 95

A

B

C'est décidé, j'apprends à jouer de la guitare ! Non par véritable envie mais pour intégrer le groupe de musique qui vient de s'ouvrir au lycée et dans lequel s'est inscrite ma meilleure copine qui, elle, apprend le piano depuis plusieurs années, l'objectif étant de pouvoir donner un concert en fin d'année scolaire. À ce propos, j'imagine déjà la robe affriolante que je pourrai porter devant un public conquis qui ne verra que moi sur scène.

La remarque de ma mère concernant le côté un peu ringard de cet instrument, selon elle, ne m'a pas freinée dans mon élan, et je pense que les quelques notions de solfège que j'ai pu acquérir pendant ma scolarité et mon amour de la musique seront des atouts pour moi. De toute façon, en si peu de temps, je ne vois pas de quel autre instrument je pourrais faire l'apprentissage, le pipeau ne m'enchantant guère !

Le professeur n'est pas de toute première jeunesse (une pensée furtive pour ma mère !), mais le groupe dans lequel il m'a incluse comporte essentiellement des personnes de mon âge, donc tout va pour le mieux. La guitare fournie me paraît énorme et, pour pincer les cordes comme suggéré, je suis obligée de la tenir loin de moi pour voir ce que je fais.

J'ai tout faux !

1. « Tenez-vous droit sur votre chaise. »

2. « L'instrument doit être plaqué contre vous. »

3. « Vous devez avoir les bras libres. » Plus facile à dire qu'à faire ! Je pince les cordes à tâtons.

4. « Pour les droitiers, vous devez donner à votre main gauche la forme d'une pince en opposant le pouce aux autres doigts pour bien pouvoir enserrer le manche de l'instrument. » Là, mes ongles longs dont je suis si fière s'avèrent un handicap rédhibitoire et la première leçon en voit trois casser net car le bout du doigt doit être perpendiculaire à la corde.

5. « Exercez sur cette dernière une pression assez forte sinon les vibrations rendront un son désagréable. » Bien ! Serrons, serrons !
La première leçon finie, je ressors avec le poignet douloureux, le dos un peu raide et le vernis très écaillé aux ongles de la main gauche, mais l'enseignant m'a rassurée : une fois que je serai moins crispée, tout disparaitra. Je ne demande qu'à le croire !

Questions

1. La motivation a-t-elle un lien direct avec cet instrument ?
2. La posture à adopter est-elle si naturelle ?
3. S'agit-il d'un instrument à vent ?
4. Pensez-vous que sa motivation sera suffisante ?

Exercice n° 96

A B

Pour vivre bien, mangez sain !

Mais avant tout, ne faites pas n'importe quoi !
Trois repas par jour, c'est obligatoire, sinon gare à la fringale de 11 h ou du soir.
Entre ces trois moments, RIEN ! Oubliez le frigo plein de bonnes choses bien grasses ou les paquets de biscuits qui s'entassent dans le placard. Changez de trottoir pour éviter la vitrine tentatrice de ce pâtissier si doué. Même un petit chocolat, ça ne va pas, l'heure du goûter n'est pas une excuse. Et que dire de la sacro-sainte réunion informelle devant la machine à café qui se répète tout au long de la journée, avec des petites douceurs pour accompagner le breuvage.
Les aliments doivent être variés, associant les légumes, les protéines et les fruits, sans oublier les féculents à chaque repas. Les matières grasses sont à utiliser de manière très raisonnable, le sel est à laisser dans la salière le plus possible ainsi que le sucre dans son sucrier.
Buvez, autant que vous voulez, de l'eau bien sûr. Terminé les boissons pétillantes dont la saveur incomparable enchante le palais ou celles dont les petites bulles s'accompagnent d'un degré d'alcool qui rend bien euphorique. Le petit apéritif du soir avec les copains, assorti des biscuits salés pleins de crème au fromage ou autres matières très caloriques, est à proscrire.
En cas de fringale intense, jetez-vous sur un fruit, pas trop sucré si possible, ce sera un moindre mal.
À côté de ça, pas question de vous lamenter sur vos privations, prostré sur votre canapé.
Bougez, ce qui ne veut pas dire faire du sport de haut niveau ou un entraînement quotidien intensif, mais simplement marcher un peu plus, ce n'est déjà pas si mal.
Avec ce programme, vous vous sentirez mieux, moins fatigué.
Attention, surveiller son alimentation ne signifie pas devenir anorexique. C'est d'abord une démarche de qualité avant une démarche de quantité. Les fêtes entre amis ne sont pas à proscrire, partager un verre non plus, ni déguster un petit plat succulent.
Être attentif, par contre, ça, c'est positif !

Questions

1. Manger sain veut-il forcément dire manger moins ?
2. Quelles sont les deux matières qui sont le plus à éviter ?
3. Manger sain est-il forcément associé à une perte de poids ?
4. Pensez-vous que l'obésité soit seulement liée à un problème de qualité de l'alimentation ?

Exercice n° 97

Vous avez décidé de passer vos vacances à refaire toutes les tapisseries des cinq pièces de votre maison. C'est une bonne idée, vous êtes sûrement très habile dans cette activité mais comme ce n'est quand même pas votre métier premier, voici quelques conseils pour ne pas subir de grosses désillusions et éviter des querelles familiales.
D'abord, veillez à ce que le mur soit prêt. Il doit être parfaitement lisse, donc enlevez tous les résidus antérieurs, et surtout lavez-le soigneusement. Cette phase est souvent réfutée par les néophytes qui veulent toujours aller trop vite, mais la plupart des catastrophes sont dues à un manque de préparation, et ensuite le papier peint est perdu ! La colle est aussi source d'échec ! Elle doit être adaptée au papier, les colles universelles ne donnant pas toujours les résultats espérés. Elle a besoin d'être bien mélangée, donc n'hésitez pas à vous munir d'un gros bâton. N'oubliez pas non plus de lire attentivement le mode d'emploi, ça peut servir, car les explications données par le vendeur, en dépit de leur pertinence, ont pu être mal comprises ou interprétées, voire certaines carrément escamotées !
Prenez des mesures très exactes des surfaces à tapisser et faites-vous aider par un spécialiste du magasin où vous achetez vos fournitures afin de ne pas vous retrouver avec insuffisamment de papier alors que ce dernier est en rupture de stock, ou carrément absent des nouveaux catalogues.
Si tous ces arguments vous ont déjà convaincu que ce travail n'est pas pour vous, il existe de très bons professionnels à votre service et qui vous permettront de passer vos vacances à vous détendre.

Questions

1. Quelle est la première étape de préparation à bien accomplir ?
2. Le fait d'être un néophyte en la matière suppose-t-il de porter plus d'attention aux conseils des professionnels ?
3. Quel est le but des arguments développés ?
4. Pensez-vous qu'il soit aisé de faire ce genre de travail ?

Exercice n° 98

A

B

Je vous le dis d'emblée, je suis candidat !
J'ai de bonnes raisons pour cela, et elles VOUS concernent. Je ne suis ni à la recherche de la célébrité ni en quête de biens matériels. Je suis là, pour VOUS !
Pour VOUS aider, en m'occupant de VOS problèmes qui sont les vrais problèmes, des questions qui VOUS concernent dans votre quotidien. Arrêtons de croire qu'on ne peut changer de système. On voit hélas aujourd'hui les conséquences pour VOUS des politiques ultralibérales capitalistes, pratiquées depuis tant d'années par tous les régimes politiques, quelle que soit leur idéologie première. Il est temps de rendre une vraie position au président que vous élirez, qu'il ne soit plus un financier ou un technocrate, loin de VOS préoccupations et de VOTRE réalité. Il doit pouvoir influencer les politiques sociales des entreprises qui, tout en dégageant des profits considérables, n'hésitent pas en parallèle à licencier des milliers de gens qui doivent, dans le meilleur des cas, se séparer de leur famille pour aller travailler loin de chez eux, ou qui, le plus souvent, se retrouvent au chômage dont les derniers chiffres donnent le vertige.
Notre pays est l'un des plus riches de la planète, mais le nombre de pauvres qui y vivent ne cesse de grandir. Les politiques sociales voient leurs subventions diminuer comme peau de chagrin, les conditions d'accès au logement deviennent draconiennes et restent une utopie pour beaucoup. Des études montrent que la violence domestique faite essentiellement à l'encontre des femmes et des enfants est en corrélation directe avec la perte de l'emploi par le chef de famille qui se sent devenu inutile et non reconnu par la société.
Arrêtons la bataille des chiffres, proposons, comme nous le faisons, des réformes simples mais efficaces dont vous aurez le détail lors de notre prochain congrès.
Votez pour moi et je m'occuperai bien de VOUS !

Questions

1. Quel est le mot important du discours ?
2. Quel est le thème central de la campagne ?
3. Les réformes sont-elles détaillées ?
4. Pensez-vous que le monde industriel ait de l'influence sur les politiques ?

Exercice n° 99

Demain est LE grand jour. Vous êtes convoqué par votre supérieur hiérarchique pour lui présenter votre projet, qui, entre parenthèses, occupe tout votre temps libre depuis six mois. Le trac vous saisit soudain de ne pas savoir comment convaincre votre interlocuteur de sa valeur et de son intérêt pour l'entreprise et comment montrer le bénéfice dont elle pourrait en tirer parti.
Voici quelques conseils qui vous aideront à préparer cette entrevue.
Vous semblez bien maîtriser votre sujet, ce qui est le premier argument, cela va de soi. Mais attention, ne vous laissez pas déborder par votre enthousiasme. Allez à l'essentiel, tout en sachant que les détails serviront à répondre aux questions que l'on ne manquera pas de vous poser ultérieurement. Si vous parlez trop longtemps, votre interlocuteur va vite s'ennuyer et décrocher. Votre intonation doit refléter votre conviction. Même avec le trac, essayez de mettre du sentiment en évitant une voix monotone qui rendra votre discours pénible à entendre et difficile à comprendre. Ne vous faites pas d'illusions, vous n'aurez pas droit à une approbation sans réserve, ce qui ne veut pas dire qu'une approche différente du problème soit motif de conflit. Il est préférable de considérer ce qui peut vous rapprocher plutôt que d'aller vers une rupture en partant sur une porte claquée. Il est bien évident que votre projet doit correspondre aux intérêts de votre interlocuteur, ce qui vous permettra d'établir des relations saines avec lui en lui montrant qu'il peut avoir confiance en vous. Vos arguments auront d'autant plus de valeur à ses yeux qu'ils correspondent à ce dont il a besoin. Mais n'arrivez pas en jouant les sauveurs, en vous mettant trop en avant, vous risquez de le vexer. Au contraire, privilégiez plutôt sa personne ou son rôle dans l'entreprise même si vous pensez que vous seriez nettement plus efficace à son poste. Il ne s'agit pas non plus de tomber dans l'excès inverse, à savoir le flatter de la plus basse des façons, il ne serait pas dupe. Il doit se penser important et respecté ; pas manipulable.
Enfin, écoutez-le, s'il daigne vous parler, bien sûr. Ne foncez pas, tête baissée, au sens propre comme au figuré, dans une argumentation sûrement passionnante mais unilatérale, sans tenir compte des remarques qui peuvent vous être faites

et auxquelles vous prendrez le temps de répondre. C'est votre idée, votre projet mais c'est votre interlocuteur que vous devez convaincre ; vous, vous l'êtes déjà, convaincu !

Questions

1. Faut-il tout dire tout de suite ?
2. Faut-il anticiper les questions possibles ?
3. Faut-il avoir l'air détendu ?
4. Pensez-vous que certains individus sont plus faciles que d'autres à convaincre et, qu'à l'inverse, certains sont plus habiles à persuader autrui ?

Exercice n° 100

A	B
BULLETIN D'ABONNEMENT Paiement par chèque uniquement	**BULLETIN D'ABONNEMENT** Paiement CB Chèque Prélèvement mensuel

Abonnez-vous à notre revue qui concerne votre profession !
Même si vous n'êtes encore qu'étudiant, cela ne peut que vous être bénéfique !
Tout ce qui concerne votre métier y est traité de manière claire et concrète et ne peut que vous aider dans votre démarche professionnelle. Des conseils judicieux vous y sont donnés, des outils proposés afin de vous accompagner jour après jour dans votre pratique quotidienne.
Veuillez trouver ci-dessous un bulletin d'abonnement pour l'année en cours. N'oubliez pas de remplir toutes les rubriques assorties d'un astérisque, sinon votre demande ne pourra pas être prise en compte.
Vous avez quatre options de paiement selon votre statut professionnel, mais quelle que soit celle que vous choisirez, merci de joindre votre règlement. Ce dernier peut se faire soit par chèque bancaire à l'ordre de notre société, soit par n'importe quelle carte bancaire pourvu qu'elle soit valide et que votre compte soit approvisionné !
Vous pouvez choisir un paiement échelonné sur douze mois. Vous devez à ce moment-là remplir une autorisation de prélèvement automatique, obligatoire dans ce cas de figure.
Recevez ce porte-clé en cadeau de bienvenue, témoignage du nouveau lien qui nous unit.
Merci de votre confiance.

Questions

1. Y a-t-il plusieurs moyens de paiement ?
2. Faut-il obligatoirement travailler pour pouvoir s'abonner ?
3. Cette revue semble-t-elle offrir des conseils pratiques à ses lecteurs ?
4. Pensez-vous que cette offre soit explicite ?

Corrigés

Exercice n° 81

A

1. Non. **2.** Non. **3.** La pensée.

Exercice n° 82

A

1. La baisse du taux d'emprunt. **3.** Oui.

Exercice n° 83

A

1. L'amélioration des relations. **2.** Non. **3.** Les relations professionnelles.

Exercice n° 84

A

1. Quarante-cinq. **2.** Quinze. **3.** Au cacao.

Exercice n° 85

B

1. Entre deux et cinq minutes. **3.** Oui.

Exercice n° 86

A

1. Énergie, créativité, humour. **2.** Un film. **3.** Positive.

Exercice n° 87

B

1. Non. **2.** Primo-accédant. **3.** Non.

Exercice n° 88

A

1. Non. **3.** Oui. **4.** Non.

Exercice n° 89

A

1. L'accès à l'information, le savoir, le plaisir. **2.** La passivité, l'addiction.

Exercice n° 90

A

1. Non. **2.** Non. **3.** L'après-midi.

Exercice n° 91

B

1. La valeur éducative, la connaissance de soi, la régulation de l'IMC. **2.** Oui.

Exercice n° 92

A

1. De la publicité. **3.** Vendre. **4.** Non.

Exercice n° 93

A

3. Parfois. **4.** Le cancer des poumons, du larynx.

Exercice n° 94

A

1. Onze. **2.** Le prix. **3.** Oui.

Exercice n° 95

B

1. Non. **2.** Non. **3.** Non.

Exercice n° 96

B

1. Non. **2.** La graisse, le sucre. **3.** Non.

Exercice n° 97

A

1. La préparation du mur. **2.** Oui. **3.** Faire appel à un professionnel.

Exercice n° 98

A

1. VOUS. **2.** Mon programme VOUS concerne.
3. Non.

Exercice n° 99

B

1. Non. **2.** Oui. **3.** Oui.

Exercice n° 100

B

1. Oui. **2.** Non. **3.** Oui.

474184 – (I) – (2) – OSB80

Elsevier Masson S.A.S
62, rue Camille-Desmoulins,
92442 Issy-les-Moulineaux Cedex
Dépôt Légal : juillet 2014

Composition : Thomson Digital (Mauritius) LTD

Imprimé en Pologne par Dimograf